Roswitha Gruber

Die verheimlichte Großmutter

Roswitha Gruber

Die verheimlichte Großmutter

rosenheimer

www.rosenheimer.com

Titelfoto: © Privatarchiv Helene Leitner
Bildnachweis: Die Fotos im Innenteil stammen aus dem Privatarchiv von Helene Leitner
Lektorat: Christine Rechberger, Rimsting
Satz: Carmen Oberlechner, Rosenheim
Druck und Bindung: GGP Media GmbH, Pößneck
Printed in Germany

ISBN 978-3-475-54919-9

Inhalt

Die Vorgeschichte

In unserem Gemeindeblatt las ich, dass in Reit im Winkl im Rahmen einer Feierstunde ein »Stolperstein« für eine ehemalige Bewohnerin des Dorfes, die Hebamme Therese Mühlberger, verlegt werden solle. Einen Monat später war dann in der Gemeindezeitung der Bericht über die Gedenkfeier zu lesen, der auch einige Fotos von dieser Frau enthielt. Dadurch erfuhr ich Näheres aus ihrem Leben, und mein Interesse war erst recht geweckt. Es gelang mir, die E-Mail-Adresse ihrer Enkelin Helene Leitner, die das alles initiiert hatte, ausfindig zu machen.

Nachdem einige weitere Monate ins Land gegangen waren, besuchte mich Helene mehrere Male. Sie beantwortete nicht nur viele meiner Fragen, sie brachte mir auch Unterlagen über ihre Großmutter mit, die sie nach eifrigem Stöbern in verschiedenen Archiven und aus alten Aufzeichnungen zusammengestellt hatte. Beim Lesen derselben war ich zutiefst erschüttert.

Was mir noch an Informationen fehlte, versuchte ich in alten Tauf- und Sterbebüchern zu finden, und indem ich betagte Bewohner in Reit im Winkl befragte.

Das Ergebnis möchte ich Ihnen mit diesem Buch vorlegen. Jetzt lasse ich Helene, die Enkelin von Therese, zu Wort kommen.

Roswitha Gruber

Ein Kind stellt Fragen

Meine früheste Erinnerung ist folgende: Noch nicht ganz drei Jahre alt, sehe ich mich an der Hand meiner Mutter in einem fremden Haus eine Treppe hinaufsteigen. Oben angekommen, entdeckte ich in einem Zimmer mein Gitterbett und fragte: »Mutti, warum steht mein Bettchen hier?«

»Wir wohnen jetzt hier.«

»Warum?«

»Das verstehst du noch nicht«, speiste sie mich ab. Diese Antwort sollte ich in Zukunft noch öfter auf meine Fragen zu hören bekommen.

Die nächste Begebenheit, an die ich mich erinnere, muss sich einige Monate später zugetragen haben. In der neuen Wohnung saß ich auf der Kloschüssel und wollte Wasser lassen. Es ging aber nicht. Der Druck auf die Blase wurde immer stärker, sodass ich schon Schmerzen hatte, doch ich konnte nicht loslassen. Ratlos standen meine Eltern um mich herum.

Ungeduldig befahl mein Vater schließlich: »Dirndl, du bieselst jetzt, aber sofort.« Dieser Befehl verschlimmerte meine Lage nur noch. Jetzt ging erst recht nichts. Die Schmerzen wurden immer stärker.

»Ich kann nicht«, jammerte ich unter Tränen. »Es geht nicht. Es tut so weh.«

Endlich hatte meine Mutter die richtige Idee: »Das Kind muss in die Klinik.«

Der Vati trug mich die beiden Treppen hinunter und legte mich auf die Rückbank seines alten VW-Käfers. So landete ich nach wenigen Minuten in der Kinder-Klinik, die sich in der Lindwurmstraße befand. Der Arzt redete begütigend auf mich ein und setzte mir einen Katheter. Was für eine Erlösung, als der Druck auf die Blase endlich nachließ!

Meine heutige Erklärung für das damalige Verhalten: Vermutlich war mein Körper so verkrampft, weil mich meine Mutter zu rigide zur Sauberkeit angehalten hatte. Zum Glück hatte ich nach diesem Erlebnis nie wieder Probleme mit dem Wasserlassen.

Schon früh hörte ich aus den Gesprächen meiner Eltern heraus, wie stolz sie darauf waren, in München zu wohnen. Erst viele Jahre später begriff ich, warum dieser Wohnort so wichtig für sie war.

Meine Mutter stammte aus Reit im Winkl in Oberbayern. Dies war zwar in ihrer Kindheit bereits ein bekannter Ferienort, er war ihr aber zu eng und vor allem zu abgelegen.

Mein Vater war auf einem Einödhof aufgewachsen, der in einer gottverlassenen Gegend in Niederbayern lag. Beide Orte sollte ich schon in meiner frühen Kindheit kennenlernen. Nach Reit im Winkl fuhren wir in schöner Regelmäßigkeit alle zwei Wochen, um meine Großeltern zu besuchen. Das war für mich herrlich. Dort fand ich es wesentlich schöner als in München. Man sah Kühe, die durchs Dorf getrieben wurden, man sah hochbeladene Heuwagen über die Straßen rumpeln, man konnte gefahrlos auf der Straße spielen, weil nur selten ein Auto fuhr.

Im Winter fand ich es in diesem Dorf besonders toll. Mit Begeisterung denke ich an den vielen Schnee. Auf allen Dächern lagen dicke weiße Polster, und beiderseits der Straßen waren richtige Schneewände aufgetürmt. Man fuhr über weiße Wege, und beim Gehen knirschte der Schnee unter den Füßen.

In München schneite es zwar auch, die Bürgersteige waren aber immer schnell geräumt, und der Schnee auf den Straßen wurde von den vielen Autos sehr bald in Matsch verwandelt.

An Opas Haus befanden sich rechts und links vom Eingang Schneewände, die so hoch waren wie ein Erwachsener. Der Vati konnte unser Auto nur vor dem großen Tor parken, das ich lange Zeit für eine Garageneinfahrt gehalten hatte. Später, als ich mal die Gelegenheit hatte, einen Blick hineinzuwerfen, entdeckte ich, dass der Raum so voller Gerümpel war, dass kein Auto darin Platz gehabt hätte. Wozu hätte der Opa auch eine Garage haben sollen? Er hatte ja weder Auto noch Führerschein.

Wenn wir wieder abfuhren, musste mein Vater rückwärts zwischen den Schneewänden hinausmanövrieren. Weil er dabei nicht auf die Straße sehen konnte, stand die Mutti auf der Fahrbahn und gab ihm Zeichen, wenn frei war. Oma und Opa standen dann an der Haustür und winkten zum Abschied.

Den Opa Stefan mochten wir Schwestern sehr gern, denn er war stets freundlich und spielte oft mit uns. Der Oma Katharina ging ich aber am liebsten aus dem Weg. Sie war kalt und abweisend, und wenn sie mich überhaupt ansprach, dann nur, weil sie was zu meckern hatte.

An Heiligabend 1968 – genau während der Bescherung – kam ein Anruf von dieser Oma. Sie teilte meiner Mutter mit, dass Opa gestorben sei. Das überraschte uns alle sehr. Wir Kinder brachen in Tränen aus, und noch heute sehe ich meine Mutti traurig dasitzen und den Vati irgendwie ratlos hin- und herlaufen.

Von da an hatte Weihnachten für mich seinen Zauber verloren. Jedes Jahr an Heiligabend musste ich an Großvaters Tod denken und daran, wie betroffen meine Eltern gewesen waren. Zwei Wochen zuvor hatten wir die Großeltern noch besucht. Gewiss, da ging es dem Opa nicht besonders gut. Er klagte über Schmerzen im Bauch. Er benutzte das Wort »Koliken« und legte sich immer wieder eine Wärmflasche auf den Leib. Dass man aber daran sterben könnte, daran hatte niemand von uns gedacht.

Am zweiten Weihnachtstag fuhren wir nach Reit im Winkl. Der Vati hatte seinen schwarzen Anzug angelegt, seinen Hochzeitsanzug, wie er betonte, und war stolz darauf, dass er noch hineinpasste. Wir Mädchen mussten unsere Sonntagskleider anziehen, weil sie in gedeckten Farben gehalten waren. Die Mutti selbst bekleidete sich mit einem schwarzen Plisseerock, einer schwarzen Baumwollbluse und zog darüber eine schwarze Strickjacke. Zu ihrem Leidwesen stellte sie fest, dass sie keine schwarzen Strümpfe besaß. Damals hielten sich die Leute noch sehr streng an die Vorschriften für Trauerkleidung. Nicht nur bei der Beerdigung mussten die engsten Angehörigen, zumindest die weiblichen, in tiefes Schwarz gehüllt sein, sondern bereits ab dem Todestag und bis zu sechs Wochen danach. Wegen der fehlenden Strümpfe wusste die Mutti sich aber zu helfen. Kaum in ihrem Heimatdorf angekommen, nahm sie mich mit und steuerte auf das einzige Textilgeschäft am Platze zu. Das war natürlich geschlossen. Meine Mutter betätigte die Klingel neben der Ladentür, als sei es die selbstverständlichste Sache der Welt, dass man am zweiten Weihnachtstag dort Einlass begehrte. Wenige Minuten später öffnete die Ladenbesitzerin. An der Art der Begrüßung erkannte ich, dass sich die beiden Frauen nicht fremd waren. Die Geschäftsfrau wusste auch schon, wozu meine Mutter die schwarzen Strümpfe benötigte, und sprach uns ihr Beileid aus. Die Frau verkaufte meiner Mutti das Gewünschte, und erleichtert verließen wir das Geschäft.

Anschließend begrüßten wir erst Oma Katharina und erfuhren von ihr Näheres über Opas Tod. Obwohl er eifrig seine Wärmflaschen aufgelegt hatte, waren seine Schmerzen unerträglich geworden. In großer Sorge hatte seine Frau schließlich den Arzt angerufen. Dieser war aber nicht sogleich gekommen. Als er endlich eintraf, stellte er die Diagnose »Blinddarmentzündung« und brachte den Patienten eigenhändig ins örtliche Krankenhaus. Leider kam für meinen Großvater die Notoperation zu spät. Der Blinddarm war bereits durchgebrochen.

Die Beerdigung fand am 28. Dezember statt. Zu meinem Bedauern durfte ich nicht mit. Zu gerne hätte ich dem Opa die letzte Ehre erwiesen. Meine Mutter aber bestimmte, dass ich im Haus blieb. Es sei wichtig, dass jemand es bewache, während alle auf dem Friedhof seien. Vielleicht wollte sie mir aber auch ersparen, in Kälte und Schnee an dem offenen Grab zu stehen.

Anscheinend waren die Trauergäste nach der Beisetzung in einem Gasthaus zur Zehrung eigekehrt. Denn es dauerte wahnsinnig lange, bis sie endlich heimkamen. In der Wartezeit war es mir aber nicht langweilig geworden. Zu Weihnachten hatte ich das Buch »Der Räuber Hotzenplotz« von Ottfried Preußler bekommen. Nun hatte ich die beste Zeit, ungestört darin zu lesen.

Während dieses Aufenthaltes in Reit im Winkl übernachteten wir in Mutters Elternhaus, was bis dahin noch nie vorgekommen war. Nach dem Begräbnis blieben wir noch eine weitere Nacht, denn es gab einiges zu ordnen und zu regeln.

Abgesehen von den 14-täglichen Besuchen in Reit im Winkl verbrachten wir seit Opas Tod zusätzlich den Allerheiligen-Tag dort. Wie alle anderen Dorfbewohner standen wir zur Zeit der Gräbersegnung auf dem Friedhof. Beim ersten dieser Besuche las ich interessiert die Namen auf dem schmiedeeisernen Grabkreuz. Außer Stefan Mühlberger, geboren am 8. August 1896 und gestorben am 24. Dezember 1968, fiel mir der Name Therese Mühlberger auf, geboren am 18. Juni 1898 und gestorben am 7. November 1940. Schnell rechnete ich mir aus, dass diese Frau nur 42 Jahre alt geworden war. Wer mochte sie gewesen sein? Wieso lag sie in Opas Grab?

Wieder zurück in München, fragte ich meine Mutter: »Wer war Therese Mühlberger?«

»Wie kommst du jetzt darauf?«, fragte sie sichtlich verlegen.

»Der Name steht auf Opas Grabkreuz.«

»Ach so, ja. Das brauchst du nicht zu wissen«, gab sie knapp zur Antwort.

Wenn sie mir keine Auskunft gibt, dachte ich, dann werde ich eben Oma Katharina bei der nächsten Gelegenheit danach fragen, wenn mich das auch einige Überwindung kosten würde. Sie war nämlich nie besonders freundlich zu mir gewesen. Das war auch der Grund, warum ich nach Großvaters Tod nicht mehr so gerne nach Reit im Winkl fuhr. Christine, meine Schwester, setzte es sogar durch, dass sie überhaupt nicht mehr mit in Mutters Heimatdorf zu fahren brauchte. Während dieser Zeit traf sie sich in München mit ihren Freundinnen. Dagegen musste ich, die um vier Jahre Jüngere, das tun, was die Eltern wollten.

Als ich im Jahr darauf an Allerheiligen wieder mit meinen Eltern an Großvaters Grab stand, staunte ich nicht schlecht: Denn das schmiedeeiserne Grabkreuz war verschwunden. Stattdessen stand dort ein Grabstein. Auf diesem entdeckte ich aber nur Opas Namen und Daten. Wer will Therese Mühlberger totschweigen?, machte ich mir als Zehnjährige meine Gedanken. Aus unguter Erfahrung heraus wagte ich es aber nicht, meine Mutter danach zu fragen. Schnell kam ich dahinter, dass nicht sie diejenige war, die das Andenken an Therese auslöschen wollte. Denn sie drückte ihr Befremden darüber aus, dass deren Namen verschwunden war. Bei unserem nächsten Besuch in Reit im Winkl ließ sie beim Schmied metallene Buchstaben und Zahlen anfertigen, die er am unteren Rand des Grabsteins anbringen musste.

Im folgenden Jahr an Allerheiligen konnte ich mich davon überzeugen, dass Thereses Name und ihre Lebensdaten wieder für alle sichtbar waren.

Ganz so schlimm waren für mich die Besuche im Heimathaus meiner Mutter in den folgenden Jahren dann doch nicht. Mir gelang es, das Beste aus diesen Aufenthalten zu machen. Meist war ich mir selbst überlassen und konnte mich auf der Straße oder in der Nachbarschaft aufhalten, wo ich mit Gleichaltrigen spielte. Manchmal begleitete ich die Mutter auch, wenn sie Verwandtenbesuche machte. Eine davon war die Blaser-Elise. In welchem verwandtschaftlichen Verhältnis ich zu der alten verhutzelten Frau stand, sollte ich erst Jahre später erfahren.

Interessanter als die Elise war für mich zu der Zeit der Hölzl-Christian, der im selben Haus wohnte. Er war Elises Schwiegersohn, denn er war mit ihrer Tochter Lisbeth verheiratet. Dieser freundliche Mann mittleren Alters, von allen nur Christl genannt, hatte immer einen Scherz auf den Lippen, wenn er mich sah, und machte gern seine Späßchen mit mir.

Eines nannte er »Knödlbrotschneiden«. Das sah so aus: Er malträtierte mein schmales Handgelenk zwischen Zeige- und Mittelfinger seiner prankenähnlichen Hände. Das tat richtig weh. Deshalb nahm ich immer Reißaus, wenn er das Wort »Knödlbrotschneiden« in den Mund nahm. Erst, wenn er mir nachrief: »Komm zurück, Dirnei, heute wird kein Knödlbrot geschnitten«, kehrte ich zurück. Als einziger Postbote im ganzen Dorf war er eine wichtige und gern gesehene Persönlichkeit und kannte jedes Haus.

Zu Besuch bei der Blaser-Elise, Therese steht links.

Einmal besuchte unsere Lehrerin mit uns Schülern in München das Hauptpostamt. Wir besichtigten, was es in einem Postamt eben zu sehen gab, und bekamen am Ende einen Lehrfilm vorgeführt: »Die Reise eines Briefes«. Darin sah man die verschiedenen Stationen eines Schreibens vom Absender bis zum Empfänger. In diesem Film war der Adressat zufälligerweise in Reit im Winkl angesiedelt. Und wer brachte ihm den Brief? Niemand anderer als der Christl! Den kenn ich! Den kenn ich!, hätte ich am liebsten hinausposaunt. Doch schüchtern, wie ich war, behielt ich meine Weisheit für mich und zappelte nur vor lauter Aufregung auf meinem Stuhl herum. Dem Christl aber verriet ich bei unserer nächsten Begegnung im Haus der Blaser-Elise, dass ich ihn in einem Lehrfilm hatte bewundern können. Das erfüllte ihn mit Stolz.

Wie bereits erwähnt, waren seit Großvaters Tod die Aufenthalte in Reit im Winkl nicht mehr ganz so reizvoll für mich. Doch in Niederbayern, der Heimat meines Vaters, war ich nach wie vor gerne. Dort fühlte ich mich wie im Paradies. Zu meinem Bedauern fuhren wir nur zweimal im Jahr dorthin, einmal im Frühsommer und einmal im Frühherbst. Eigenartigerweise besuchten wir aber nicht Baderöd, wo mein Vater seine Kindheit verbracht hatte, sondern Falkenöd, das etwa zehn Fußminuten davon entfernt lag. Auf meine Frage, warum er nicht Baderöd besuche, bekam ich von meinem Vater nur ausweichende Antworten.

Die Bäuerin von Falkenöd empfing uns jedes Mal mit großer Herzlichkeit und lud uns immer gleich zum Essen ein. Im Haus gab es mehrere Kinder, teils älter, teils jünger als ich. Daher versammelte sich stets eine große Runde um den Küchentisch, und es erhob sich unweigerlich ein lebhaftes Geschnatter. Sobald aber das Essen aufgetragen wurde, verstummte es schlagartig, und wir schaufelten die guten Sachen in uns hinein.

Nach der Mahlzeit durften wir draußen herumtollen, im Kuhstall das neugeborene Kälbchen anschauen, im Schweinestall ein Dutzend Ferkel bewundern, im Heustadl Verstecken spielen, auf Obstbäume klettern und Äpfel, Birnen oder Zwetschgen gleich in luftiger Höhe verzehren.

Während wir Kinder also bestens beschäftigt waren, unterhielten sich die Erwachsenen, die Mutter mit der Bäuerin und der Vater mit dem Bauern, der einige Jahre jünger war als er. Sie kannten sich aus ihrer Kindheit.

Manchmal besuchten wir auch die Anni, die ein paar Höfe weiter wohnte. Sie war gewissermaßen eine Ziehschwester meines Vaters, da beide zur selben Zeit Pflegekinder auf Baderöd gewesen waren. Das hat sie mir erzählt, weil mein Vater in dieser Hinsicht ja ziemlich schweigsam war. Von ihr erfuhr ich auch, dass Ludwig, der Pflegevater, Zimmermann gewesen war und seine Frau Kathl als Störnäherin in die Häuser gegangen war. Dazu betrieben sie eine Nebenerwerbslandwirtschaft. Weil ihr Einkommen dennoch nicht für die Familie ausreichte – sie hatten vier eigene Kinder: Kathl, Resl, Rosl und Georg – hatten sie die Pflegekinder Anni und Wilhelm aufgenommen.

Kurz vor Ausbruch des Zweiten Weltkrieges hatte Anni einen Adolf geheiratet und kurz nacheinander die Kinder Fini, Adi und Katherl bekommen. Trotzdem war Adolf Anfang 1944 eingezogen worden. Zur Vaterlandsverteidigung hatte man ihn nach Italien geschickt. Dort war er bereits nach einigen Monaten in italienische Kriegsgefangenschaft geraten. Nach kurzer Zeit war es ihm aber gelungen zu flüchten. Er konnte sich seiner Freiheit jedoch nur kurze Zeit erfreuen. Von den Deutschen wurde er nämlich sehr schnell eingefangen und als Deserteur standrechtlich erschossen. Wegen dieses unehrenhaften Endes bekam seine Witwe zunächst keine Rente und musste sich mühsam mit ihren drei Kindern durchschlagen. Trotz dieses Schicksalsschlages war Anni eine Seele von Mensch und strahlte sehr viel Wärme aus, wovon auch ich profitierte. Wenn sie mich in die Arme nahm und drückte, fühlte ich mich so richtig geborgen. Hatten wir vorher unseren Besuch angekündigt, kochte sie immer etwas besonders Köstliches, zum Beispiel

Schweinsbraten mit Knödeln und Blaukraut, gebackenes Hendl mit Pommes frites und Salat oder Mehlspeisen wie frische »Auszogne«, die anderswo als »Kiachi« oder »Kiachl« bekannt sind.

Nach Jahren, mittlerweile war ich 13, brachte ich endlich den Mut auf, Oma Katharina anzusprechen. Ohne lange Vorrede fragte ich: »Wer war Therese Mühlberger?«

Zu meiner Überraschung wies sie mich nicht ab, sondern stellte eine Gegenfrage: » Ja, weißt du das denn nicht?«

Ich schüttelte den Kopf. Darauf erklärte sie: »Therese ist deine Großmutter.«

Irritiert antwortete ich: »Ich denke, du bist meine Großmutter.«

»Therese ist deine leibliche Oma, ich bin nur deine Stiefoma.«

»Meine Stiefoma? Wieso denn das?«

»Ganz einfach, weil dein Opa Stefan mich geheiratet hat, nachdem seine Frau Therese gestorben war.«

Da sie offensichtlich gut drauf war, schob ich gleich ein paar Fragen nach: »Wann hast du meinen Opa geheiratet?«

»Das kann ich dir ganz genau sagen: am 2. Oktober 1941.«

»Wie hat dich der Opa denn so schnell nach dem Tod seiner Frau kennengelernt?«

»Wir kannten uns schon seit einigen Jahren. Genauer gesagt, seit 1934. Stefan hat mich damals als Hauserin engagiert. Er hat dringend jemanden gebraucht, der ihm den Haushalt macht und seine kleine Tochter versorgt, nachdem ihre Mutter in der Irrenanstalt gelandet war.«

Entsetzt horchte ich auf: »In der Irrenanstalt? Meine Oma war in der Irrenanstalt? Warum?« Irrenanstalt war damals der übliche Ausdruck für diese Art von Einrichtungen. Später wurden sie in Nervenheil- und Pflegeanstalten umbenannt.

Während ich noch sinnierte, wirkte Katharina plötzlich sehr verlegen, so als ob sie zu viel verraten hätte. Auf mein »Warum« kam sie mit der Ausrede: »Das kann ich dir leider nicht sagen.«

Wollte sie das nicht? Oder wusste sie es wirklich nicht? Als ich nachfragen wollte, schob sie schnell nach: »Sie wird halt ein ziemliches Luder gewesen sein.«

Mit dieser Antwort wusste ich nichts anzufangen. Katharina machte jedoch keine Anstalten, mir das näher zu erklären. Deshalb verlegte ich mich auf andere Fragen. Über Großmutter Therese erfuhr ich dadurch leider nicht wesentlich mehr. Stattdessen erfuhr ich eine Menge aus dem Leben der Stiefoma und bekam endlich eine Erklärung dafür, warum sie mir gegenüber immer so unnahbar war.

Sie stammte aus der Holledau, dem größten Hopfenanbaugebiet der Welt. Ihr Vater aber partizipierte nicht an dem Reichtum, wie man ihn den Hopfenbauern allgemein nachsagt. Er war nur ein armer Schuster, und sein einziger »Reichtum« bestand aus 21 Kindern, von denen Katharina das älteste war. Wie in kinderreichen Familien üblich, musste sie schon früh die Rolle der Kindsmagd für ihre jüngeren Geschwister übernehmen.

»Weißt du«, erklärte sie mir, »irgendwann hatte ich die Nase voll. Kaum war eines aus dem Gröbsten heraus, kam wieder ein neues an, und die anderen hingen mir weiterhin am Rockzipfel. Nie hatte ich eine Minute für mich. Aber nicht nur das: Für alles, was die Kleinen anstellten, wurde ich geschimpft oder sogar bestraft. Deshalb habe ich eine Abneigung gegen kleine Kinder und habe mir vorgenommen, mir nie im Leben Kinder anzuschaffen. Mit 25 Jahren durfte ich endlich aus dem Haus gehen. Um mir mein Brot zu verdienen, verdingte ich mich nacheinander als Magd bei verschiedenen Bauern. Die Land- und Stallarbeit wurde mir mit der Zeit aber zu schwer. Deshalb suchte ich nach einer anderen Tätigkeit. Außer zum Kinderhüten hatte mich meine Mutter zu allen möglichen Hausarbeiten herangezogen. So hatte ich bei ihr auch Kochen gelernt. Deshalb fühlte ich mich dazu befähigt, als Haushälterin zu arbeiten, und gab eine entsprechende Annonce in der Zeitung auf. An Angeboten hat es mir nicht gemangelt. Bevor ich mich entschied, schaute ich mir jeden Haushalt genau an. Es waren Stellen darunter, die finanziell besser gewesen wären als diese hier. Bei den anderen hätte ich auch wesentlich größere Heiratsaussichten gehabt, weil die Hausherren verwitwet waren. Beim Steff dagegen war es sehr fraglich, ob er mich jemals heiraten würde, weil seine Frau ja noch lebte, auch wenn sie sich in einer Pflegeeinrichtung befand. Außer Kost und Logis konnte mir dein Opa nur ein winziges Taschengeld bieten. Trotzdem habe ich mich für ihn entschieden, weil nur ein Kind da war, und das war mit seinen sieben Jahren bereits aus dem Gröbsten raus.«

Über dieses Gespräch mit meiner Stiefgroßmutter habe ich noch lange nachgedacht, besonders über die Aussage, dass meine leibliche Großmutter in einer Nervenheilanstalt gewesen sein soll. Mit meinem neuerworbenen Wissen wollte ich wieder bei meiner Mutter nachfragen. Vielleicht wäre sie jetzt zugänglicher, wenn sie merkte, dass ich schon ein bisschen Einblick in Thereses Leben hatte.

Doch ehe ich ein gar so heikles Thema anschnitt, wollte ich von ihr erst etwas anderes wissen, was mich seit dem Gespräch mit Katharina beschäftigte. In München hatte ich nämlich noch eine Oma, die Adelheid. Sie wohnte so nah bei uns, dass man sie zu Fuß besuchen konnte. Das taten wir aber äußerst selten. Dafür kam sie öfter zu uns. Sie war auch nicht gerade die Herzlichkeit selbst. Allerdings hatte sie mich, als ich noch klein war, manchmal auf ihre Knie genommen und »Hoppe Reiter« mit mir gespielt, oder sie hatte mir Märchen vorgelesen. Je älter ich aber wurde, desto weniger Zuwendung bekam ich von ihr. Da ich nun erfahren hatte, dass Katharina meine Stiefoma war, wollte ich von meiner Mutter wissen: »Ist die Adelheid auch meine Stiefoma?«

»Wie kommst du denn darauf?«, fragte sie irritiert. Ohne meine Antwort abzuwarten, fügte sie hinzu: »Nein, sie ist deine richtige Oma. Sie ist die leibliche Mutter von deinem Vati.«

»Warum ist sie dann immer so kühl zu mir?«

Die Mutter schwieg eine Weile. Ihrem Gesicht sah man an, dass es in ihrem Kopf arbeitete. Anscheinend dachte sie darüber nach, ob und wie viel sie mir über ihre Schwiegermutter erzählen sollte. Zu meinem

Erstaunen wurde sie dann richtig mitteilsam: »Ja, weißt du, die Adelheid hat in ihrem Leben wenig Liebe und Wärme erfahren, deshalb ist sie so unnahbar. Sie kann das, was sie selbst nicht erlebt hat, nicht weitergeben. Maria, ihre Mutter, hat Adelheid ledig zur Welt gebracht. Noch vor der Geburt hat sich der Kindsvater aus dem Staub gemacht. Adelheid hat also ihren Vater nie kennengelernt. Ihre ledige Mutter war also gezwungen, sich weiterhin ihr Brot zu verdienen. Dabei wäre das Kind nur hinderlich gewesen. Daher brachte sie es zu ihrer Mutter. Diese war nicht gerade begeistert, das Kind ihrer Tochter aufziehen zu müssen, da sie selbst noch einen Stall voller Kinder hatte. Ein oder zwei Jahre später bekam Maria wieder ein lediges Kind, das sie Josef nannte. Sein Vater, der Anton, heiratete Maria einige Monate nach Josefs Geburt. Mit Anton bekam sie eine weitere Tochter, die sie Maria nannte. Der kleine Josef und die kleine Maria durften bei ihrer Mutter aufwachsen, die nun nicht mehr berufstätig sein musste, da sie in Anton einen Ernährer gefunden hatte. Ihre erste Tochter aber, die Adelheid, ließ Mutter Maria bei der Oma und kümmerte sich so gut wie nicht um dieses Kind.

Als Adelheid 14 war, schickte die Großmutter sie nach München, damit sie Geld verdiene. Statt eine richtige Ausbildung zu machen, kellnerte sie in verschiedenen Gaststätten, wo sie auch immer Kost und Logis hatte. Zunächst bediente sie am Hauptbahnhof in München im Wartesaal Dritter Klasse am Büffet. Weitere Stationen waren eine Gaststätte am Wörthsee und eine am Rießersee.

Irgendwann lernte sie einen gewissen Martin kennen. Der tat ihr recht schön, bis sie schwanger war. Am 25. Mai 1922 brachte sie ihren Sohn Wilhelm, deinen Vater, zur Welt. Martin wollte aber nichts von seinem Sohn wissen und zahlte keine Alimente. An Heirat dachte er erst recht nicht. Also war Adelheid gezwungen, weiterhin zu kellnern. Wohin aber mit dem Kind? Die junge Mutter hatte das Glück, dass wenigstens Martins Mutter ihr Enkelkind anerkannte. Sie zeigte Erbarmen mit dem kleinen Wilhelm und vermittelte ihn, als er drei Wochen alt war, zu Verwandten nach Baderöd, das zu ihrem Heimatort Reutern in Niederbayern gehört. Als Kostkind auf diesem Hof hatte er eine einigermaßen unbeschwerte Kindheit. Seine Mutter aber war ihm fremd. Wenn sie ihn, was sehr selten vorkam, besuchte, sprang er ihr nicht freudig entgegen. Über diese Distanziertheit ihres Sohnes war Adelheid enttäuscht und gekränkt. Darüber hat sie sich bei mir beklagt. Dass der Kleine ihr nicht viel Zuneigung entgegenbrachte, hat mich nicht gewundert, sie hatte ihm ja auch nicht viel Liebe gezeigt.

Im Jahre 1927 bekam Adelheid einen zweiten Sohn, den Max. Dessen Vater war Handelsvertreter und spielte nur eine kurze Rolle in ihrem Leben. Als er merkte, dass seine Liebschaft mit der Kellnerin Folgen hatte, verschwand er. Von ihm weiß die Adelheid weder den echten Vor- noch den Zunamen. Unter einem falschen Namen hatte sich dieser Hallodri in ihr Leben geschlichen. Was die Alimente betraf, ging die Kindsmutter auch diesmal leer aus. Wieder hieß es für sie weiterarbeiten, um sich ernähren und für ihre

Kinder Kostgeld zahlen zu können. Für ihren zweiten Sohn fand Adelheid eine Pflegestelle in Trudering. Dann endlich hatte sie doch noch Glück. Sie lernte den Witwer Josef Dehn kennen. Der heiratete sie sogar, ohne dass sie in anderen Umständen war.«

»Demnach ist der Josef mein Stiefopa?«, folgerte ich daraus.

»Genau so ist es.«

»Das wundert mich, denn er ist immer sehr nett zu mir.«

»Ja, das ist so seine Art«, bestätigte meine Mutter.

Über meinen Vater und dessen Vater Martin, der ja mein leiblicher Großvater war, wusste sie mir noch mehr zu berichten. In den späten zwanziger Jahren hat er doch noch geheiratet, aber nicht die Adelheid, die Mutter seines Sohnes, sondern eine Hilde. Ihr hatte er bereits vor der Hochzeit seinen Fehltritt gestanden, aus dem sein Sohn Wilhelm hervorgegangen war. Hilde wäre sofort bereit gewesen, den Buben zu sich zu nehmen, Martin aber war dagegen. So blieb Wilhelm bei seinen Zieheltern auf Baderöd. Erst 1943 bekannte Martin sich zu seinem Sohn und ließ sich auf dem Standesamt als Vater eintragen. Da war der Bub bereits volljährig. Vielleicht wollte Martin sein Leben in Ordnung bringen, weil er fürchtete, mit ihm könnte es schnell zu Ende sein. Denn wenig später musste er in den Krieg ziehen. Diesen überlebte er aber.

Nach Beendigung seiner Schulzeit arbeitete Wilhelm zunächst in Tettenham bei einer Familie Meier als Stallbub. Kost und Logis waren frei, und obendrein erhielt er 50 Pfennig Taschengeld pro Woche. In Tettenham gab es seinerzeit nur vier Bauernhöfe, bei denen Wilhelm nacheinander arbeitete, immer als Stallbub. So lernte er nicht nur alle Tätigkeiten eines Bauern kennen, in ihm entwickelte sich auch die Liebe zur Landwirtschaft.

Nachdem mir meine Mutter so offen und ungeniert über das Leben ihrer Schwiegermutter berichtet hatte, sah ich eine Chance, dass sie auch endlich über ihre eigene Mutter sprechen würde. Doch bereits nach meiner ersten Frage in diese Richtung war das Gespräch auch schon wieder beendet. So schnell wollte ich jedoch nicht aufgeben. Irgendwann wird sie auch über dieses Thema sprechen, tröstete ich mich, ich muss nur Geduld haben.

Zufällig kamen wir wenige Wochen später im Geschichtsunterricht – ich war in der 7. Klasse des Gymnasiums – auf das Dritte Reich zu sprechen, obwohl das noch gar nicht Stoff für diese Klasse war. In diesem Zusammenhang fiel das Wort »Euthanasie«. Unser Lehrer erklärte uns, dass der Begriff so viel wie »guter Tod« oder »schöner Tod« oder »gutes Sterben« bedeute. Die Nationalsozialisten hätten dieses beschönigende Wort für eine grausame Sache verwendet, sie brachten nämlich geistig und körperlich behinderte Menschen einfach als »lebensunwertes Leben« um.

Mit Entsetzen folgte ich den Ausführungen des Lehrers. Vermutlich hatte er bei diesem Thema keine aufmerksamere Schülerin als mich. In meinem Kopf begann es zu rattern. Großmutter Therese war 1933 in die Pflegeeinrichtung gekommen und 1940 dort gestorben. Zeitlich passte das genau zusammen, und auch die große Mauer des Schweigens, die man um sie aufgebaut hatte, passte dazu. Weil das für die Familie eine ganz peinliche Geschichte zu sein schien, hatte man also die Oma totgeschwiegen. Nun war ich alt genug, um zu begreifen, dass man ein solches Vorkommnis nicht an die große Glocke hängt. Dennoch befremdete es mich, dass man mich nicht in das Geheimnis um diese Frau einweihte, wo ich doch ihr Enkelkind war.

Da ich meiner Mutter mit neuen Erkenntnissen aufwarten konnte, würde es mir sicher gelingen, sie aus der Reserve zu locken. Bereits am folgenden Nachmittag ergab es sich, dass ich mit ihr allein war, und ich steuerte mein Ziel direkt an: »Die Oma Katharina hat gesagt, dass sie nur meine Stiefoma ist. Meine richtige Oma sei die Therese Mühlberger.«

»Na, und? Jetzt weißt du es halt«, antwortete sie mit flatternder Stimme und wollte gleich das Thema wechseln. Doch so leicht ließ ich mich nicht abschütteln: »Warum war Therese in einer Nervenklinik?«

Mutti zuckte zusammen und wehrte schnell ab: »Das weiß ich nicht.«

»Ist sie dort umgebracht worden?«

Wieder kam die lapidare Antwort: »Das weiß ich nicht.«

»Aber das musst du doch mitgekriegt haben. Zu der Zeit warst du immerhin 14 Jahre alt«, bohrte ich weiter.

»Du fragst zu viel. Ich weiß nichts. Lass mich in Ruhe.«

Doch ich ließ sie nicht in Ruhe. Nun brachte ich mein taufrisches Geschichtswissen ins Spiel: »Unser Lehrer hat erzählt, dass bei den Nazis geistig und körperlich behinderte Menschen ermordet wurden. Nun nehme ich an, dass meine Großmutter auch eines dieser Opfer war.«

Meine Mutter lief rot an, sie wurde wieder blass, sie zitterte. In dem Moment tat es mir leid, dass ich sie so in die Enge getrieben hatte. Ich ließ ihr die Zeit, sich eine Antwort zu überlegen. Endlich öffnete sie den Mund: »Ja, weißt, damals war Krieg. Da hat man in den Heimen wohl Platz gebraucht für die verwundeten Soldaten.« Hatte man ihr das so eingeredet? Glaubte sie das tatsächlich?

Wie immer ich auch meine nächsten Fragen formulierte, ich biss auf Granit. Mehr war zu diesem Zeitpunkt nicht aus ihr herauszulocken. Deshalb nahm ich mir vor, so bald wie möglich in Reit im Winkl Verwandte und Nachbarn aufzusuchen, um sie auszuhorchen. Irgendjemand musste doch etwas wissen. Seit sich diese schrecklichen Dinge ereignet hatten, waren über dreißig Jahre vergangen. Nach so langer Zeit würde gewiss jemand den Mut aufbringen, einmal den Mund aufzumachen.

Zuerst besuchte ich die Blaser-Elise. Von ihr wusste ich inzwischen, dass sie eigentlich Elisabeth hieß und die älteste Schwester meiner Oma war und somit meine Großtante. Während meine Mutter in ihrem Elternhaus mit Putzen beschäftigt war, begab ich mich heimlich zum Haus dieser Tante. Sie freute sich sichtlich über meinen Besuch, bot mir gleich ein Glas Kracherl (Limonade) an und erkundigte sich angelegentlich nach meinen Eltern und nach meiner Schwester. Da sie mich so freundlich aufnahm und Interesse an meiner Familie bekundete, wagte ich es, gleich mit der Tür ins Haus zu fallen und fragte nach ihrer Schwester Therese. Da wollte sie den Mund nicht mehr aufmachen. Erst als ich ihr erklärte, ich wisse, dass Therese meine Großmutter gewesen sei, wurde sie gesprächig. Sie wusste so Einiges aus der Kindheit und Jugendzeit ihrer Schwester zu berichten. Als sie aber an das Jahr 1932 kam, verstummte sie wieder.

Auf mein Nachfragen erklärte sie schulterzuckend: »Mehr weiß ich nicht. Weißt, im Alter vergisst man halt so manches.«

Das nahm ich ihr nicht ab. Aber weil ich die alte Frau nicht in Verlegenheit bringen wollte, drang ich nicht weiter in sie. Es würde doch nichts bringen. Also erhob ich mich, dankte für die Limonade und dafür, dass sie mir aus Omas Jugendzeit erzählt hatte.

Zum Abschied drückte sie mir herzlich die Hand mit den Worten: »Das ist alles so lange her. Außerdem sollte man die Dinge ruhen lassen.« Gerade dieser Satz ermunterte mich, die Sache nicht ruhen zu lassen.

Sechs Wochen nach meinem Besuch bei der Großtante, noch bevor ich dazu gekommen war, in Reit im Winkl weitere Nachforschungen anzustellen, erreichte uns die Nachricht, dass Elise an einem Schlaganfall gestorben war. Irgendwie war ich erleichtert, dass zwischen ihrem Tod und meinem Besuch sechs Wochen lagen. Demnach konnte nicht meine Fragerei zu ihrem Tod geführt haben. Wie sich das gehört, fuhren wir alle zur Beerdigung. Bei der Zehrung kam ich mit Johann Baptist, ihrem ältesten Bruder, ins Gespräch, der ja auch der Bruder meiner Großmutter war. Durch geschicktes Fragen versuchte ich, einiges aus ihm herauszulocken. Bedauernd schaute er mich an.

»Tut mir leid, Dirndl, von deiner Großmutter weiß ich nicht viel. Wenn du dich aber für die Familiengeschichte interessierst, besuch mich doch mal. Auf dem Dachboden habe ich einen alten Koffer entdeckt. Darin befinden sich einige Brief und Dokumente.«

Das war ein Angebot! Erwartungsfroh begab ich mich bei unserem nächsten Besuch in Reit im Winkl zu diesem Großonkel. Er überreichte mir gleich den ganzen Koffer: »Den kannst mitnehmen und behalten. Die Kauf-Urkunden, die für mich wichtig sind, habe ich entnommen. Der Rest interessiert mich nicht.«

Mit meiner Beute zog ich glücklich davon. Dies schien mein Glückstag zu sein. Denn kaum betrat ich mit meinem Koffer Muttis Elternhaus, überreichte mir die Stiefgroßmutter einen Schnellhefter.

»Das ist mir beim Stöbern in die Hände gefallen. Damit kann ich nichts anfangen, aber du interessierst dich doch für so altes Glump.«

Vor Freude machte mein Herz einen Luftsprung. Doch erst in der elterlichen Wohnung machte ich mich über meine Beute her. In dem Schnellhefter befanden sich zwei Stammtafeln, mehrere Briefe und einige Aufzeichnungen, die offensichtlich von meinen Vorvätern stammten. In Großonkels Koffer gab es Briefe von meiner Großmutter Therese und meiner Ur-Großmutter Elisabeth. Leider waren alle in Sütterlin geschrieben. Zwar waren wir in der 4. Klasse mit dieser Schrift bekannt gemacht worden, zum flüssigen Lesen reichten meine Kenntnisse aber nicht aus. Doch mich packte der Ehrgeiz. Mit viel Mühe entzifferte ich die ersten Wörter und Sätze. Zu meiner großen Freude wurde mein Lesen der alten Schrift mit der Zeit immer besser und schneller. Obwohl sie mir keine Antworten auf meine brennenden Fragen gaben, hütete ich all diese Schriftstücke wie einen Schatz. Darin fand ich nämlich die Namen meiner Verwandten, bei denen ich meine Nachforschungen fortsetzen wollte. Omas Schwester Ursula war leider schon lange vor meiner Geburt gestorben, ihr Bruder Alois lebte auswärts. Doch niemand konnte mir seine Adresse nennen. Es gab aber noch die riesige Verwandtschaft von Opa Stefan. Einen nach dem anderen klapperte ich ab, gewann aber keine neuen Erkenntnisse. Alle taten so, als wüssten sie nichts. Doch zielstrebig hielt ich weiterhin Augen und Ohren offen.

Waren wir, so lange ich zurückdenken kann, immer nur alle zwei Wochen nach Reit im Winkl gefahren, so fuhr meine Mutter auf einmal jedes Wochenende zu ihrem Elternhaus, und zwar allein. Damit sie auf den Vati als Chauffeur nicht mehr angewiesen war, hatte sie eigens 1967 den Führerschein gemacht, im respektablen Alter von 41 Jahren. Ihre Stiefmutter vermietete nämlich an Feriengäste, um zusätzliche Einnahmen zu haben. Die Rente, die ihr Opa hinterlassen hatte, war leider recht bescheiden. Doch mit zunehmendem Alter fiel ihr das Putzen und das Beziehen der Betten schwer. Das übernahm meine Mutter für sie. Bereitwillig putzte sie das ganze Haus von oben bis unten und bezog die Betten frisch für neue Urlauber. Sie steckte auch die Bettwäsche in die Maschine, hängte sie auf und bügelte sie später. Dank oder gar Lohn für ihre Arbeit bekam und erwartete meine Mutter nicht. Sie wusste ja, dass dieses Haus mit allem Inventar eines Tages ihr gehören würde.

Ab 1980 siedelte sie ganz in ihr Elternhaus über, weil sie merkte, dass die Stiefmutter mit dem Vermieten nicht mehr zurechtkam. Zumal die Touristen, wie sie nun genannt wurden, mittlerweile auch im Winter kamen. Den Vati – er war ja noch berufstätig – und mich ließ sie in München zurück. Meine Schwester war bereits aus dem Haus. Zu der Zeit war ich Studentin und musste von heut auf morgen dem Vati den Haushalt führen, obwohl ich das nie gelernt hatte.

Meinem Vater, sonst ein herzensguter und intelligenter Mensch, muss ich in diesem Punkt ein Versäumnis vorwerfen. Er hatte nie zugelassen, dass meine Mutter ihre Töchter im Haushalt einspannte. Oft sah sie ihn flehend an und seufzte: »Jetzt lass die Dirndl doch mithelfen, für mich wird es zu viel.«

Seine Antwort darauf: »Nein, nein, die Madln sollen ihre Zeit nicht mit Hausarbeit vertun. Sie sollen für die Schule lernen, damit mal was Besseres aus ihnen wird.«

Nun, da die Situation eingetreten war, dass ich mit dem Vati allein in der Münchner Wohnung lebte, wurschtelte ich mich im Haushalt so einigermaßen durch. Putzen und Waschen – es gab ja eine Waschmaschine – waren der geringste Aufwand. Gewiss, ich machte das nicht so »professionell« wie meine Mutter, aber Wohnung und Wäsche waren einigermaßen sauber. Die Schwierigkeiten lagen woanders. Mittags gab es kein Problem, der Vati aß in der Kantine und ich in der Mensa. Am Abend aber musste ich kochen. Da ich nicht immer Brot mit Aufschnitt servieren wollte, blieb mir nichts anderes übrig, als mich an das Kochbuch zu halten. Obwohl ich mir einbildete, gut lesen zu können, verunglückte doch immer wieder eine Mahlzeit. Natürlich hätte ich mich an einfache, erprobte Gerichte halten können, doch ich hatte den Ehrgeiz, immer wieder mal was Neues auszuprobieren. Bei diesen Experimenten drückte Vati stets ein Auge zu.

Eines Abends missriet mir wieder einmal das Essen, das wir dann lustlos zu uns nahmen. Dieser erneute Misserfolg, den ich als Köchin gehabt hatte, erinnerte ihn wohl an seine Zeit beim Militär.

Als wir nach dem Essen gemütlich im Wohnzimmer saßen – im Fernsehen gab es nichts »Gescheites« – begann er, lebhaft zu berichten. Da meine Mutti bisher immer sehr zurückhaltend damit gewesen war, mir aus ihrem Leben zu erzählen, genoss ich es, dass Vati dies nun mit Begeisterung tat. Er kam so richtig in Fahrt und erzählte ausführlich über seine Zeit bei der Wehrmacht.

Am 3. Oktober 1941 war er einberufen worden. Zunächst kam er zur Aufklärungsabteilung 7 nach München. Innerhalb von fünf Monaten wurde er zum SMG-Schützen ausgebildet. SMG steht für »Schweres Maschinengewehr«. Im April 1942 wurde er an die Front geschickt, und zwar nach Gschazk in Russland, etwa 150 Kilometer von Moskau entfernt. Ab Januar 1943 zwang die russische Übermacht die Front zum Rückzug. Wilhelms Glück war es, dass er nicht nach Stalingrad kam, denn dort ereignete sich Ende Januar die vernichtende Niederlage der 6. Armee. Im März desselben Jahres zog er mit der 7. Division zu einem Partisaneneinsatz nach Orel. Die Versorgung der Soldaten war schlecht. Sie bekamen nur geringe Rationen zu essen, und das Wenige war noch von lausiger Qualität.

»Das Essen beim Barras war aber immer noch besser als das Essen auf Baderöd«, warf er schmunzelnd ein.

»Willst du damit ausdrücken, dass es auch besser war als das, was ich dir vorgesetzt habe?«, fragte ich und fuhr dabei die Krallen aus.

»Aber nein, Dirndl, wie käme ich dazu! Deine Kochkünste werden von Tag zu Tag besser.« Sogleich war ich beschwichtigt und hörte Vati weiterhin aufmerksam zu.

Seinem Bericht nach wurden sie einen Monat später bei russischen Zivilisten untergebracht, wobei er ausgesprochen Glück hatte. Gleich nach seiner Ankunft bemerkte seine Hausfrau voller Mitgefühl, dass er Halsweh hatte, und sie versuchte, ihn zu kurieren. Zum Frühstück schob sie ihm immer ein weichgekochtes Ei zu, und bereits am ersten Abend hatte sie ihm warme Milch mit Honig gereicht. Der Soldat Wilhelm aber mochte keine warme Milch, obwohl er einige Jahre seines Lebens auf Bauernhöfen gearbeitet hatte. Weil er die fürsorgliche Frau aber nicht vor den Kopf stoßen wollte, trank er die Honigmilch mit Todesverachtung. Und – siehe da – er bemerkte, dass man warme Milch durchaus trinken kann. Fortan hatte er keine Abneigung mehr gegen warme Milch, zumal seine Halsschmerzen ganz schnell kuriert waren.

Seinen Heimaturlaub vom 1. bis 28. Mai 1943 verbrachte er in Baderöd. Wieder zurück bei seiner Division wurde er am 6. Juli bei einem Bombenangriff, der viele Tote forderte, durch Splitter an Knie und Kopf verwundet. In Niederschlesien kam er ins Lazarett und blieb dort bis zum 14. Dezember. Anschließend verbrachte er seinen Genesungsurlaub in München beim Pionier-Ersatzbataillon, auch Genesungs-Kompanie genannt. Dort wurde über seine weitere Verwendung entschieden. Obwohl er noch nicht völlig genesen war, wurde er am 14. Januar 1944 als »Fahrer vom Bock« in der Stabskompanie in der Heideckstraße eingesetzt. Das bedeutete, dass er einen Pferdewagen lenken und damit die Rohverpflegung nach Freimann bringen musste. Hierbei kam ihm seine jahrelange Erfahrung als Stallbub zugute. Am Zielort bekam er zur Belohnung nach jeder Fahrt eine reichliche Brotzeit, was ein angenehmes Privileg war in jenen Tagen. Zudem verfügte er über viel Freizeit. Diese nutzte er, um ins Kino zu gehen oder um seine Freundin in Waldenburg-Dittersbach zu besuchen.

Noch immer befand er sich im Krankenstand, weil seine Wunde am Knie vereitert war. Erst bei der zweiten Nachuntersuchung am 8. Mai 1944 wurde er wieder als »kriegsverwendungsfähig« eingestuft. Anfang Juni musste er zurück nach Russland. Wie alle Soldatentransporte erfolgte auch dieser in einem Güterzug. Dessen Lok schob mehrere leere Waggons vor sich her, denn überall auf den Schienen konnten Minen verlegt sein. Ging eine Mine hoch, erwischte es die leeren Wagen und nicht gleich die Lok und die besetzten Waggons.

Bei einem Gefecht im Dezember in der Nähe von Ostenburg erlitt Wilhelm einen Gewehrdurchschuss am linken Arm. Das brachte ihm zunächst einen Lazarett-Aufenthalt in Thorn an der Weichsel ein, später wurde er nach Schwertburg im Warthegau verlegt. In diesen Tagen erhielt sein Bettnachbar ein »Fresspaket« von seiner Mutter, aus dem er meinem Vater Tomaten anbot. Wilhelm kannte zwar Tomaten, aber nur aus der Ferne. Der Pfarrer von Reutern hatte welche in seinem Garten angebaut, aber gegessen hatte er solch einen »Paradies-Apfel« noch nie. Deshalb lehnte er das »neumodische« Gemüse rundweg ab, nach dem Motto »Was der Bauer nicht kennt, frisst er nicht«. Obwohl ihm der Soldat auf der Nebenpritsche gut zuredete und vor seinen Augen herzhaft in eine der roten Früchte biss, blieb mein Vater erstaunlich lange standhaft. Doch der Hunger trieb ihn endlich dazu, den ersten Biss in eine der verschmähten Früchte zu tun. Von dieser Stunde an war Wilhelm ein begeisterter Tomatenesser.

Im Januar 1945 rückte die Front näher und das Lazarett musste geräumt werden. Mit dem Lazarettzug ging es nach Bad Sassendorf (Westfalen). Alle, die einigermaßen gut zu Fuß waren, durften nicht mit dem Zug fahren, sie mussten die ganze Strecke bis zum Ziel marschieren. Am 31. März 1945 wurde mein Vater aus dem Lazarett entlassen. Wie alle anderen entlassenen Soldaten bekam er Marschverpflegung für einen Tag mit. Als Ziel hatte man ihm die Kaserne in München angegeben. Auf sehr abenteuerliche Weise erreichte er München nach fünf Tagen. Er begab sich aber nicht in die Kaserne, sondern er verbrachte eine Nacht bei

Adelheid, seiner Mutter. Am folgenden Tag fuhr er nach Baderöd – auf welche Weise, habe ich vergessen –, wo er einige Tage blieb. Am 19. April meldete er sich endlich in seiner Kaserne. Da er den Arm in der Schlinge trug, wurde er als nicht wehrfähig in Urlaub geschickt, und er begab sich zurück nach Baderöd. Am 8. Mai erreichte ihn dort die erlösende Nachricht vom Ende des Krieges. Zu seinem Glück war er bereits daheim, daher entging er der Kriegsgefangenschaft.

Ein Jahr lang blieb er in seiner Heimat und verrichtete leichte Arbeiten, mal auf dem einen Bauernhof, mal auf einem der anderen. Sehr schnell merkte er, dass er wegen seiner Kriegsverletzungen die schweren Arbeiten in der Landwirtschaft nicht mehr leisten konnte. Daher entschloss er sich, auf den guten Rat eines Bekannten hin, nach München zu gehen und sich dort eine Arbeit zuteilen zu lassen. Weil er für das Vaterland gekämpft und dadurch bleibenden Schaden erlitten hatte, war der Staat verpflichtet, ihm eine Stelle zu geben, deren Anforderungen er bewältigen konnte. So wurde er ab dem 13. Mai 1946 Präger an der ADREMA – der Adressier-Maschine. An diesem Prägegerät aus den 1930er Jahren arbeitete er für das Wahlamt der Landeshauptstadt München. In dieser Zeit wohnte er bei seiner Mutter, die mit dem verwitweten Josef Dehn, einem Lkw-Fahrer, zusammenlebte und ihm nach damaliger Sprachregelung »den Haushalt führte«.

Dort lernte mein Vater seinen Halbbruder Max kennen, der nach Kriegsende ebenfalls Aufnahme bei seiner Mutter gefunden hatte. In dieser Zeit der großen Wohnungsnot hieß es zusammenrücken, wenn man ein Dach über dem Kopf haben wollte.

Mit dem Wahlamt musste mein Vater einige Male umziehen, bis er 1950 im Zuge von Einsparmaßnahmen entlassen wurde. Die Stadt war aber verpflichtet, ihm eine andere zumutbare Arbeit anzubieten. Zunächst bot man ihm eine Stelle als Straßenbahnfahrer oder als Schaffner an. Noch ehe er eine dieser Stellen antreten konnte, stellte sich heraus, dass er dafür aufgrund seiner Verwundung des linken Arms nicht geeignet war. Schließlich versetzte man ihn als Hallenreiniger in den Schlachthof. Dort war sein Stundenlohn um 10 Pfennig niedriger als bei der ADREMA. Den geringeren Lohn kompensierte der fleißige Mann, indem er auf Empfehlung eines Kollegen einen Nebenjob annahm. Als »fliegender Kassier« bei einem Veranstaltungsdienst verkaufte er mit einem Bauchladen Eintrittskarten beim Stadion von 1860 München. Damit nicht genug, begann er bald mit dem »Fetzerl reißen«, wie meine Schwester es nannte, als sie noch klein war. Das heißt, er kontrollierte Eintrittskarten bei allerlei Veranstaltungen wie beim Filmball im »Regina«, im »Deutschen Theater«, beim Skispringen in Garmisch-Partenkirchen, beim Motorradrennen auf dem Sudelfeld, beim »Ratisbona-Rennen« in Regensburg, bei der »Fürstenhochzeit« in Landshut, bei einer Tischtennis-Weltmeisterschaft, bei den Fußball-Weltmeisterschaften 1954 und 1974 sowie den Olympischen Spielen 1972 in München. Meine Schwester hatte das richtig beobachtet. Das Kontrollieren der Eintrittskarten bestand darin, dass Vater sie einriss, um sie zu entwerten, sodass kein Zweiter mehr damit in die Veranstaltung konnte.

Vaters fleißige Aktivitäten hatten für unsere Familie den Nachteil, dass er häufig am Wochenende abwesend war. Erst 1981 gab er diese zusätzlichen Dienste auf und im Jahr darauf ging er in Rente. Aufgrund seiner Schwerbehinderung konnte er mit sechzig Jahren in den wohlverdienten Ruhestand gehen.

Zu meiner Erleichterung kehrte meine Mutter nach einem halben Jahr heim und übernahm die Haushaltsführung wieder selbst. Ihre Stiefmutter war nämlich zum Pflegefall geworden, und meiner Mutter war die Arbeit über den Kopf gewachsen. Sie hatte die alte Frau in ein Pflegeheim nach Ruhpolding gegeben, wo sie nach zwei Monaten starb. Wie von ihrem Vater testamentarisch festgelegt, erbte meine Mutter das Haus. Doch statt darin einzuziehen, was ich erwartet hatte, bot sie es umgehend zum Verkauf an und wurde es auch ganz schnell los. Von dem Erlös kauften meine Eltern ein Haus in Engelsberg im nördlichen Landkreis Traunstein als Altersruhesitz.

Obwohl ich mich ständig bemüht hatte, die Wahrheit über meine Großmutter Therese herauszufinden, sollten weitere dreißig Jahre vergehen, bis ich endlich dem Geheimnis auf die Spur kam.

Es begann mit einer kleinen Zeitungsnotiz, die ich im Dezember 2014 in einer Münchner Tageszeitung entdeckte. Der Notiz zufolge wurden die Nachkommen von Euthanasie-Opfern aus dem Raum München zu einer Veranstaltung im Gasteig-Kulturzentrum eingeladen. Sofort fühlte ich mich angesprochen. Da musst du hin, sagte ich mir. Dort hoffte ich endlich all das über meine Oma zu erfahren, was ich schon lange wissen wollte. Es war eine Telefonnummer angegeben, unter der man sich zu dem Treffen anmelden sollte. Während ich zum Telefon griff, kamen mir Bedenken: Gehöre ich überhaupt zu dem Kreis, der angesprochen ist? Meine Großmutter stammte ja nicht aus dem Raum München. Egal, dem Mutigen gehört die Welt.

Mit klammen Fingern wählte ich die Nummer. Vom anderen Ende vernahm ich eine freundliche Begrüßung, das erleichterte mir die Sache.

»Ich weiß nicht, ob ich bei Ihnen richtig bin«, druckste ich dennoch herum. »Sie haben Nachkommen von Euthanasie-Opfern zu einem Treffen eingeladen.«

»Das ist richtig. Gehören Sie zu den Nachkommen?«

»Ja, meine Großmutter war eines der Opfer. Sie hat aber nicht in München gewohnt, sondern in Reit im Winkl.«

»Das macht nichts, so eng ziehen wir die Grenzen nicht. Wenn sie eine Betroffene war und Sie die Enkelin sind, sind Sie uns herzlich willkommen.«

Voller Optimismus, aber auch mit Herzklopfen, machte ich mich am 18. Januar 2015 auf den Weg. Es waren erstaunlich viele Menschen herbeigeströmt. Wie es aussah, waren die meisten zwischen fünfzig und sechzig Jahre alt, nur wenige waren jünger und noch weniger waren älter. Demnach schien es viele Menschen zu geben, die, wie ich, auf der Suche nach der Wahrheit waren. Zunächst wurde eine Gedenkminute für die Opfer eingelegt, die durch die Hand der Nationalsozialisten gestorben waren.

Danach hielten vier Wissenschaftler, die sich jahrelang mit der Erforschung dieses traurigen Kapitels deutscher Geschichte beschäftigt hatten, eine Rede. In unterschiedlichen Archiven hatten sie nachgeforscht und erstaunlich viel Aktenmaterial vorgefunden.

Nun war es nicht so, dass man gleich gezielt Fragen stellen konnte und Antworten bekam, wie ich das erwartet hatte, sondern man erhielt E-Mail-Adressen, an die man schreiben konnte, um Datenmaterial zu erhalten. Zusätzlich erfuhr man, wo man selbst Einblick in die Akten nehmen könne.

In der Pause gab es für die Teilnehmer Gelegenheit, sich ein wenig zu beschnuppern. Vielen war es ähnlich ergangen wie mir. Sie hatten eine Großmutter, einen Großvater oder einen anderen Angehörigen gehabt, der in der Familie totgeschwiegen wurde, weil sie oder er auf mysteriöse Weise zunächst verschwunden und Jahre später an »Lungenentzündung« verstorben waren. Uns allen wurde endlich eine Möglichkeit geboten, Licht in das dunkle Kapitel zu bringen.

Nach weiteren aufschlussreichen Reden schlug uns der Gesprächsleiter vor, man solle sich in drei Monaten wieder am selben Ort treffen, um sich darüber auszutauschen, was man inzwischen in Erfahrung gebracht hatte. Die meisten von uns nahmen dieses Angebot begeistert auf.

Wieder in meinen vier Wänden, sandte ich meine erste E-Mail an Frau Dr. von Tiedemann, um einen Tipp für meine Recherchen zu erhalten. Vor lauter

Eifer hatte ich vergessen, den Namen meiner Großmutter anzugeben. Frau Dr. von Tiedemann kombinierte die Zusammenhänge jedoch selbst und antwortete: »Handelt es sich bei Ihrer Großmutter um Therese Mühlberger? Falls ja, finden Sie etwas über sie in dem Archiv in Berlin, aber auch in den Akten der Psychiatrischen Klinik in München.«

Zusätzlich verwies sie mich an die Einrichtungen in Gabersee, eine Heil- und Nervenanstalt, und Hartheim bei Linz. Zum ersten Mal in meinem Leben erfuhr ich, dass sich dort eine Euthanasie-Einrichtung der Nationalsozialisten befunden hatte. Auf meine Anfrage hin schickte mir der Betreuer des Archives von Hartheim umgehend ein Foto des Gedenkraumes, den man inzwischen in der Tötungsstätte errichtet hatte. Dort sind alle Ermordeten namentlich aufgeführt, darunter auch meine Großmutter. Natürlich besuchte ich auch diese Stätte.

Nachdem ich durch die Akten sehr viel über meine Großmutter herausgefunden hatte, interessierte es mich, ob meine Verwandten väterlicherseits noch persönliche Erinnerungen an sie hatten. Deshalb machte ich einen erneuten Besuch auf dem Wimmerhof. Doch zu meiner Enttäuschung lebten auf dem Hof nur junge Leute, die noch nicht einmal etwas über Therese gehört hatten. Ein bisschen konnten sie mir dennoch weiterhelfen.

»In den fünfziger und sechziger Jahren hat im Haus auf der anderen Straßenseite eine junge Frau gearbeitet, die müsste heute die Mitte der Achtzig längst überschritten haben. Die muss deinen Großvater und seine Frau noch gekannt haben. Vielleicht haben die beiden ihr etwas über deine Großmutter erzählt.«

Das war ein Hinweis, dem ich sogleich nachgehen wollte. Bereitwillig gab man mir den Namen, die Adresse und die Telefonnummer. Wohlerzogen, wie ich bin, wollte ich bei dieser Frau jedoch nicht unangemeldet aufkreuzen. Vielleicht war sie auch gar nicht daheim, und ich hätte den Weg umsonst gemacht.

Zum Glück hat man heute ja, wo man geht und steht, sein Handy dabei. Also wählte ich ihre Nummer, stellte mich vor und schilderte ihr mein Anliegen. »Freilich habe ich deinen Großvater und seine Frau gekannt. Komm nur vorbei. Aber viel werde ich dir vermutlich nicht erzählen können.«

»Schau'n wir mal. Ein bisschen hilft es mir bestimmt weiter.«

Also begab ich mich mit wenig Erwartungen zu der angegebenen Adresse. Als ich sie an der Haustüre mit ihrem Familiennamen ansprach, winkte sie gleich ab: »Du kannst ruhig Resi zu mir sagen. Das hast du als Kind auch getan.« Demnach kannte sie mich, doch ich konnte mich nicht an sie erinnern. Dafür erinnerte sie sich umso besser. Sie wusste noch, wie ich vorm Haus meiner Großeltern gespielt hatte und im Schnee herumgestapft war.

Auf ihrem Küchentisch stand bereits eine Warmhaltekanne mit Tee. Dazu gab es selbstgebackene Weihnachtsplätzchen, obwohl es bereits Anfang März war. Resi entschuldigte sich, dass sie mir nichts Besseres anbieten konnte. »Aber geh, Resi, das ist völlig in Ordnung. Erstens liebe ich selbstgebackene Platzerl und zweitens, wo hättest du so schnell etwas anderes herzaubern sollen, wo ich doch so plötzlich aufgetaucht bin.«

Während wir genüsslich unseren Tee tranken, stellte ich meine Fragen. Zunächst erkundigte ich mich, was sie über meine Großmutter Therese wisse.

»Über die kann ich dir leider nicht viel erzählen. Als sie ins Heim kam, war ich ja erst drei Jahre alt. Bei ihrer Beerdigung war ich immerhin schon zehn. Daran erinnere ich mich noch gut. Ein riesiger Trauerzug folgte dem Sarg. An dem habe ich, wie alle Schulkinder des Dorfes, teilgenommen. Gewiss, in der Zeit danach hörte ich, wie man so einiges über Therese munkelte. Aber als Zehnjährige hört man nicht so genau hin. Etwa ein Jahr später hieß es, der Stefan habe wieder geheiratet, nämlich seine Haushälterin. Diese habe ich erst nach dem Krieg kennengelernt, als ich im gegenüberliegenden Haus meine Lehre begonnen hatte. In dieser Zeit haben wir öfters miteinander geratscht. Sie war freundlich und gesprächig, und wir haben uns über alles Mögliche unterhalten. Aber über die erste Frau ihres Mannes hat sie nie ein Wort verlauten lassen. Das hat mich damals, ehrlich gesagt, auch nicht interessiert. Mein Interesse an dem Fall Therese Mühlberger wurde erst geweckt, als ich bereits 18 war.«

»Wie kam es dazu?«

»Mit 17 durfte ich zum ersten Mal zum Tanzen gehen, und zwar in den Almrausch-Keller. Dort wurde regelmäßig zum Tanz aufgespielt, da nun der Krieg und die ärmlichste Zeit vorbei waren. Zum Tanzen braucht man aber gescheite Schuhe. Zu der Zeit besaß ich lediglich Schuhe, die mir mein älterer Bruder geschickt hatte, als er in Frankreich stationiert gewesen war. Es waren braune Halbschuhe, total klobig und mit ganz flachem Absatz. Abgesehen davon, dass sie unmöglich aussahen, damit ließ sich auch nicht tanzen. Sie hatten nämlich Gummisohlen.

Meine Mutter aber besaß Schuhe, die zwar auch nicht hochelegant aussahen – es waren Schnürschuhe, so richtige Oma-Schuhe – aber mit diesen ließ es sich wunderbar tanzen, weil sie etwas höhere Absätze und vor allem Ledersohlen hatten. Selbstlos, wie Mütter sind, war sie bereit, mir ihre Schuhe jeden Samstagabend zu leihen. Dabei gab es allerdings ein Problem. Es war Mutters einziges Paar Schuhe für den Kirchgang. Diese benötigte sie also am Samstagabend um 19 Uhr zum Besuch des Gottesdienstes. Vor 20 Uhr konnte sie aber nicht zu Hause sein. Deshalb saß ich bis zu ihrer Rückkehr immer wie auf glühenden Kohlen, denn der Tanz im Almrausch begann um 20 Uhr.

Nach einiger Zeit hatte ich einen festen Verehrer, den Fritz. Der wartete geduldig vor dem Eingang auf mich, weil er mit mir den Tanzsaal gleichzeitig betreten wollte.

Damit ich ihn nicht zu lange warten lassen musste, kam ich auf die Idee, kurz vor dem Ende des Gottesdienstes an der Kirche auf meine Mutter zu warten. An dem Mäuerchen, das den Kirchplatz umgibt, tauschten wir blitzschnell unsere Schuhe. So konnte ich etwas eher am Tanzlokal sein.

Doch auch das schien dem Fritz zu lange zu dauern, deshalb kam er mir eines Abends entgegen und konnte unsere Schuh-Wechsel-Aktion beobachten. Das liebevolle Miteinander zwischen mir und meiner Mutter hatte ihn anscheinend stark beeindruckt. Während wir uns auf den Almrausch zubewegten, seufzte er: ›So eine Mutter hätte ich mir auch gewünscht.‹

›Wieso? Was ist mit deiner Mutter?‹ Statt ins Lokal zu gehen, machten wir einen Spaziergang, auf dem er mir sein Herz ausschüttete. Seine Mutter habe man, als er neun oder zehn Jahre alt gewesen war, in die Anstalt nach Gabersee gebracht. Dort habe sich schon seit einiger Zeit auch Therese Mühlberger befunden, die ehemalige Hebamme unseres Dorfes. Die arme Frau sei 1940 vergast worden.

›Woher weißt du das?‹, fragte ich erschüttert.

›Von meinem Vater‹, erklärte er mir und erzählte mir von ›Euthanasie‹ und ›Säuberungs-Aktionen‹ im Dritten Reich. Dass seine Mutter diesem Schicksal entgangen war, wäre nur der Tatsache zu verdanken, dass sein Vater ein hohes Tier in der Partei gewesen sei.

›Lebt deine Mutter noch?‹, fragte ich teilnahmsvoll.

›Ja, sie befindet sich noch immer in Gabersee. Manchmal besuchen wir sie. Das ist jedes Mal deprimierend für mich, sie kennt mich nicht mehr.‹

›Und wer macht bei euch den Haushalt?‹

›Meine Schwester. Sie ist fünf Jahre älter als ich.‹ Nach einer kurzen Pause fügte er hinzu: ›Mir hat das jetzt richtig gutgetan, mit dir über meine Mutter zu reden. Bisher habe ich noch mit keinem Menschen darüber gesprochen.‹

Demnach war ich ab da die Einzige im Dorf, die das Geheimnis um Therese und um die Mutter von Fritz kannte. Bis auf den heutigen Tag habe ich es für mich behalten.«

Tief berührt dankte ich Resi für ihre Offenheit.

Als die Zeit gekommen war, mich zu verabschieden, hielt sie mich zurück: »Halt, Helene, mit einem so traurigen Schluss kann ich dich nicht ziehen lassen. Mir ist eben noch eine erfreuliche Geschichte aus dem Leben deiner Großmutter eingefallen.

Am 13. April 1930 bin ich unter ihren fachkundigen Händen zur Welt gekommen. Die Ereignisse um meine Geburt hat mir meine Mutter ausführlich geschildert. In der Früh war sie mit heftigen Leibschmerzen aufgewacht und hatte sofort auf die Uhr geschaut. Nach zwanzig Minuten kam bereits die nächste Wehe, die wesentlich stärker als die erste war. Sie rüttelte meinen Vater: ›Sepp, steh auf.‹

Missmutig blinzelte er auf den Wecker, der auf dem Nachtkastl neben seinem Bett stand, und knurrte: ›Kann man noch nicht mal am Sonntag ausschlafen? Es ist doch erst halb acht.‹

›Seit einer halben Stunde habe ich Wehen.‹

›Deshalb brauchst du mich doch nicht gleich zu wecken.‹

›Tut mir leid, aber du musst sofort die Hebamme herholen.‹

›Ah, geh, Reserl, das hat noch Zeit. Bei Ludwigs Geburt hast du über zwölf Stunden in Wehen gelegen.‹

›Das stimmt, Sepp. Aber beim zweiten Kind geht es meist schneller. Außerdem sind die Wehen schon so stark und folgen immer dichter aufeinander. Es wird gewiss nicht mehr lange dauern.‹

Bis mein Vater in seinen Kleidern steckte und ausgiebig gefrühstückt hatte, verging noch geraume Zeit.

Endlich radelte er los. Am Haus von Therese angekommen, musste er lange klopfen, bis sie verschlafen und noch im Nachtgewand den Kopf aus der Tür streckte: ›Du kommst mir gerade recht‹, begrüßte sie ihn.

›Du brauchst gar nicht zu granteln. Um neun hat ein ordentlicher Christenmensch längst auf den Beinen zu sein, auch am Sonntagmorgen.‹

›Für eine Hebamme gilt das nicht. Ich bin ja erst in der Früh um sieben ins Bett gekommen und war gerade im ersten Tiefschlaf. Also gut, was willst du?‹

›Was werde ich von einer Hebamme schon wollen? Arbeit habe ich für dich.‹

›Wie? Ist es denn bei deiner Frau schon so weit?‹

›Sie behauptet zumindest, sie habe starke Wehen.‹ Plötzlich war Therese hellwach: ›In welchen Abständen kommen sie?‹

›Als ich daheim weg bin, kamen sie alle zehn Minuten.‹

›Dann pressiert es wirklich. Ich bin gleich da.‹

Er radelte wieder zurück, und Therese kam etwa 20 Minuten nach ihm an. Dann zog sich die Entbindung aber doch länger hin, als die Gebärende und die Hebamme erwartet hatten. Um 10.30 Uhr tat ich endlich meinen ersten Schrei.

In der Beobachtungszeit nach der Entbindung blieb den beiden Frauen genug Zeit zum Ratschen. So erfuhr meine Mutter, warum die Therese erst frühmorgens um 7 Uhr ins Bett gekommen war. Am Vorabend hatte sie sich, wie üblich, um 21 Uhr zur Ruhe begeben. Um Mitternacht war sie aus dem Schlaf gerissen worden. Vor ihrem Haus stand der Penzmüller,

Sägewerksbesitzer aus dem Ortsteil Blindau, mit seinem Auto. Es war ein roter Ford mit schwarzen Kotflügeln. Dieses von den Dorfbewohnern vielbestaunte Auto hatte er sich bereits 1928 zugelegt. Es war das erste Automobil in ganz Reit im Winkl. Damit kutschierte er die Hebamme durch die stockdunkle Nacht. Nur die Scheinwerfer huschten über die holprigen Wege und zeigten ihm den Weg zu seinem Haus. Dort wurde Therese von seiner Frau sehnlichst erwartet, die mit dem achten Kind in Wehen lag. Es kam genau um 3 Uhr in der Nacht auf die Welt, ein strammer Bub von acht Pfund, der den Namen Alfred bekam. Wie es die Vorschrift verlangte, wachte Therese drei Stunden am Bett der Wöchnerin, bis der Sägmüller sie wieder mit seiner Karosse nach Hause brachte. Da begann es bereits zu tagen. Bevor die Hebamme aber ins Bett ging, kochte sie erst die Instrumente aus, damit sie für die nächste Geburt steril und wieder einsatzbereit waren. Dann packte sie alles wieder in ihre Tasche und ergänzte das Material, das sie verbraucht hatte. Die fertig gepackte Tasche stellte sie hinter die Haustür, wie immer, damit sie griffbereit war. Wie gut sie daran getan hatte, sollte sich ja wenig später zeigen, als sie zu mir gerufen wurde. Allmählich waren ihr Mann und ihr Kind munter geworden und sie frühstückten gemeinsam. Dann unternahm Stefan mit seiner Tochter einen Spaziergang und wollte anschließend mit ihr einen längeren Besuch in seinem Elternhaus machen, damit seine Frau ungestört den versäumten Nachtschlaf nachholen konnte. Leider wurde aber nichts daraus, denn sie wurde ja durch meine Ankunft daran gehindert. So hatten also am 13.

April 1930 zwei Kinder unter der Mithilfe deiner Großmutter das Licht der Welt erblickt.

Am folgenden Tag wurden beide Kinder zur selben Stunde in der Pfarrkirche getauft, in Anwesenheit der Hebamme, wie das damals üblich war. Beide Täuflinge seien sehr brav gewesen, berichtete sie am Abend meiner Mutter.

Mit dem kleinen Alfred kam ich natürlich gleichzeitig in die Schule. Er wurde nicht müde, mir immer wieder mal zu erzählen, dass wir beide am selben Tag geboren worden waren, dass er aber der Ältere sei.«

Diese erbauliche Geschichte zum Abschluss meines Besuches freute mich, und dafür dankte ich der netten Resi ganz besonders.

Was ich im Laufe meiner jahrzehntelangen Recherchen herausgefunden habe, erzähle ich in den folgenden Kapiteln.

In der alten Mühle in Unterwössen

Bei den Vorfahren meines Großvaters Stefan bin ich bis zum Jahre 1767 zurückgekommen, also bis zu dem Jahr, in dem sein Ur-Ur-Großvater Lorenz Mühlberger, genannt Wimmerbauer, geboren wurde. Dieser Lorenz ist demnach mein Ur-Ur-Ur-Ur-Großvater.

Die Ahnenreihe meiner Großmutter Therese konnte ich zwar nur bis zum Jahre 1799, dem Geburtsjahr ihres Großvaters Georg Mühlberger, also meines Ur-Ur-Großvaters, zurückverfolgen, doch über diese Familie ist erstaunlich viel überliefert. Sie alle haben in Reit im Winkl gelebt.

Die schöne Anna Weißenbacher schenkte Thereses Großvater, Georg Mühlberger, am 25. Oktober 1833 nicht nur ihr Herz und ihre Hand, sondern einen ansehnlichen Bauernhof dazu. Rupert, ihr Vater, der zu seinem Leidwesen nur vier Töchter bekommen hatte, überschrieb Anna, seiner Erstgeborenen, anlässlich ihrer Hochzeit mit Georg seinen Hof. Das Paar bekam sechs Kinder, von denen zwei kurz nach der Geburt starben.

Georg jun., ihr Ältester, erblickte am 21. Juni 1837 das Licht der Welt. Dieser Georg war Thereses Vater und demnach mein Ur-Großvater. Er, der Stammhalter und der ganze Stolz seiner Eltern, zeigte leider keine große Liebe zur Landwirtschaft. Wann immer er seinem Vater entwischen konnte, spazierte er im Dorf herum und schaute verschiedenen Sägmüllern bei der Arbeit zu. In Reit im Winkl, einem waldreichen Dorf, gab es damals mehrere Sägemühlen. Zu jener Zeit waren es mindestens sieben. Als Georgs Schulentlassung anstand, bearbeitete er seinen Vater so lange, bis dieser ihm erlaubte, bei einem Sägmüller zu arbeiten. Er machte ihm allerdings zur Auflage, dass er umgehend auf den väterlichen Hof zurückkehren müsse, wenn er dort gebraucht würde. Dieser Tag kam schneller, als man erwartet hatte. Georg sen. starb ganz plötzlich am 30. Oktober 1853 mit gerade einmal 54 Jahren. Wie er es versprochen hatte, kehrte der gehorsame Sohn sofort auf den elterlichen Hof zurück, um seine Mutter und die jüngeren Geschwister zu unterstützen. Nun war er der Senior und wurde am 21. Juni 1860 Vater eines unehelichen Sohnes, der nach ihm Georg benannt wurde. Elf Monate später, am 16. Mai 1861 – sein Sohn machte schon die ersten Schritte – heiratete Georg die Kindsmutter Maria Gschlösser (geb. 17. März 1839), wodurch der Bub ehelich wurde.

Seinerzeit war das nichts Ungewöhnliches, dass ein Jungbauer »vorarbeitete« – zum einen, um seine Zeugungsfähigkeit unter Beweis zu stellen, zum anderen, um sicherzugehen, dass die erwählte Braut auch fruchtbar war. Für einen Bauern war es äußerst wichtig, Nachkommen zu haben, damit der Betrieb weiterging und er im Alter versorgt war.

Innerhalb von elf Jahren brachte Maria es auf neun Entbindungen. Drei ihrer Kinder starben allerdings schon wenige Tage oder Wochen nach der Geburt.

Am 26. Mai 1885 traf Georg ein schwerer Schlag. Maria, die im »hohen« Alter von 46 Jahren noch mal schwanger geworden war, starb bei ihrer zehnten Entbindung. Auch das Kind kam tot zur Welt. Deshalb bekam es noch nicht mal einen Namen. Im Taufbuch ist es, wie das üblich war, als Anonymus eingetragen. Demnach war es ein Bub. Namenlose Töchter wurden als Anonyma vermerkt. Mutter und Kind wurden gemeinsam in einem Sarg beigesetzt. Georgs Kinder waren zu dieser Zeit zum Glück schon weitgehend erwachsen und versorgt. Selbst Anna und Apollonia, die beiden Jüngsten, waren bereits aus dem Haus und verdienten sich ihren Unterhalt als Mägde bei Großbauern.

Dem Witwer ist es nicht zu verdenken, dass er schon bald wieder auf Freiersfüßen ging. In seinem Haus waren zwar keine kleinen Kinder zu versorgen, aber er selbst wollte versorgt sein. Die relativ junge Elisabeth Hörmann, geboren am 25. November 1853, war bereit, den noch stattlichen Witwer zu heiraten. Am 3. April 1886 trat er mit ihr vor den Traualtar. Dicht nacheinander kamen bei dem »jungen« Paar die Kinder an. Im Dorf wurden sie »die Kinder der zweiten Generation« genannt, wogegen Georgs Nachkommen aus seiner Ehe mit Maria Gschlösser als »die Kinder der ersten Generation« bezeichnet wurden.

Obwohl Georg nach dem Tod seines Vaters ohne Zögern das Anwesen übernommen hatte, war er nie mit Leib und Seele Bauer gewesen. Viel lieber wäre er Müller geworden. Als sich ihm die erste Chance dazu bot, griff er mit beiden Händen zu. In Unterwössen, knapp 20 Kilometer nördlich von Reit im Winkl gelegen, stand 1895 die Stückl-Mühle zum Verkauf an. Diese Mühle hatte eine lange Tradition. Seit Jahrhunderten nutzte sie die Wasserkraft des Hammerbaches. Mal hatte sie als Getreidemühle gedient, mal als Öl- oder Sägemühle. Georg überschrieb kurzerhand den ererbten Hof seinem ältesten Sohn, dem Georg junior. Wie die beiden finanziell auseinandergekommen sind, habe ich leider nicht erfahren können. Zumindest muss für Georg sen. so viel herausgesprungen sein, dass er die Stückl-Mühle kaufen konnte, vermutlich mit einem zusätzlichen Bankkredit.

Einen aufwendigen Umzug brauchte die Familie nicht zu machen. Das Haus in Reit im Winkl hatte er dem Junior weitgehend möbliert überlassen, denn die alte Mühle konnte er ebenfalls möbliert übernehmen. Auf ihrem Pferdewagen beförderten sie nur einige Truhen. In der einen befand sich die Bettwäsche, in einer anderen die Kleidung und in der dritten befanden sich Küchenutensilien wie Töpfe, Geschirr und Besteck. Außerdem trug Georg ein Köfferchen bei sich, in dem er Verträge nebst anderen wichtigen Dokumenten aufbewahrte. Neben den Truhen saßen auf dem Wagen auch ihre drei Kinder, Elisabeth acht, Johann sieben und Ursula drei Jahre alt. Begeistert über dies seltene Vergnügen schauten sie fröhlich in die Zukunft.

Noch fröhlicher als die Kinder war ihr Vater bei diesem Umzug. Endlich konnte er seinen Traum verwirklichen. Mit großer Leidenschaft betrieb er sein neues Anwesen als Säge- und Getreidemühle. Als Müller war er sehr beliebt und hatte Kundschaft aus dem weiten Umkreis. Er ging so richtig in seiner Arbeit auf und war glücklich über sein neues Leben. Seine Frau dagegen war weniger glücklich. Zur Mühle gehörte nämlich eine kleine Landwirtschaft. Diese blieb überwiegend an ihr hängen.

Am 18. Juni 1898 erblickte in der Stückl-Mühle ein weiteres Kind des Müllers das Licht der Welt. Es war Therese, die meine Großmutter werden sollte. Ein Jahr nach ihr kam noch ein Sohn an, der Alois.

Der Abstand zwischen den Geburten von Ursula und Therese ist auffallend groß. Vermutlich gab es dazwischen die eine oder andere Fehlgeburt. Darüber konnte ich nichts in Erfahrung bringen.

Nun war es in jener Zeit für eine Frau nichts Ungewöhnliches, fünf Kinder aufzuziehen. Es gab durchaus Frauen, die wesentlich mehr Kinder hatten. Was aber Elisabeths Arbeit erschwerte, war die Nähe zum Mühlenbach. Die junge Mutter hatte nicht Augen und Ohren genug, um ihre kleine Schar zu überwachen. Ständig schwebte sie in der Angst, eines der Kinder könnte in den Bach fallen. Besonders im April und Mai, wenn in den Bergen der Schnee schmolz, donnerten ungeheure Wassermassen durch das Bachbett. Wenn jemand da hineinfiel, bestand für ihn nicht die geringste Chance, lebend geborgen zu werden. Aber auch zu allen anderen Jahreszeiten sah Elisabeth ihre Kinder durch den Bach bedroht, denn er hatte ein sehr tiefes Bett. Ein Kind, das da hineinfiel, war unrettbar verloren.

Schon nach wenigen Jahren sollte Elisabeths Leben eine entscheidende Wendung nehmen, leider verbunden mit einem herben Schicksalsschlag. Seit Beginn des Jahres 1902 klagte der Müller über Schmerzen im Unterleib. Diese versuchte seine Frau mit heißen Steinen und warmen Tüchern zu kurieren. Als dies nichts half und die Schmerzen eher stärker als schwächer wurden, ließ sie schließlich den Arzt kommen. Der diagnostizierte eine Blasenentzündung und meinte, sie solle weiterhin eifrig die warmen Sachen auflegen. Zusätzlich empfahl er Kamillensitzbäder, die leider auch nichts halfen.

»Wenn jetzt Juni wäre«, sinnierte der Mediziner, »dann könnte man ihm Sitzbäder mit Heublumen zubereiten, die sind wirkungsvoller.« Es war jedoch noch lange nicht Juni, und Georg starb am 27. Februar 1902 im 65. Lebensjahr.

Meiner Meinung nach stirbt man nicht an einer Blasenentzündung. Dahinter muss wohl eine ernstere Krankheit gesteckt haben.

Mit ihren fünf Kindern zwischen drei und 14 Jahren stand Elisabeth nun gewissermaßen ohne Existenz da. Sie selbst war nicht in der Lage, die Mühle zu betreiben, und ihr ältester Sohn auch nicht. Er hatte seinem Vater zwar schon immer geholfen, aber mit seinen 14 Jahren war er einer solchen Aufgabe allein nicht gewachsen. Außerdem wollte die Witwe die ungeliebte Behausung so bald wie möglich verlassen. Niemand konnte es ihr verdenken, dass sie versuchte, die Mühle zu verkaufen. Doch so schnell, wie sie sich das erhofft hatte, ging es leider nicht. Zwar kamen immer wieder Interessierte zu einer Besichtigung, aber die ließen sich dann kein zweites Mal mehr blicken. Das hinderte Elisabeth jedoch nicht daran, schon kurz nach der Beerdigung ihres Mannes in ihrem Heimatdorf Ausschau zu halten nach einem geeigneten Zuhause für sich und ihre Kinder. Bei ihrer Suche achtete sie darauf, dass ihr zukünftiges Heim nicht zu nah am Wasser lag, also weder an einem Bach noch an einem See oder Weiher. Sie hatte Glück. Schon bald wurde ihr das Moar-Haus in der Tiroler Straße angeboten, zu einem erstaunlich günstigen Preis. Bereits am 17. März 1902 wurde der Kaufvertrag unterschrieben. Die Witwe mit ihren fünf Kindern konnte aber nicht gleich einziehen, weil die Vorgänger noch nicht ausgezogen waren. Außerdem musste Elisabeth noch eine Weile in der Stückl-Mühle bleiben, um Kaufinteressenten herumzuführen. Obwohl die Mühle nach einem Jahr noch immer nicht verkauft war, zog die Witwe Mühlberger ins Moar-Haus, das inzwischen frei geworden war. Der Umzug war wieder leicht zu bewerkstelligen. Unter der Mithilfe von Tochter Elisabeth und Sohn Johann lud sie die drei Truhen und das Aktenköfferchen auf den Wagen. Diesmal durften nur die beiden Jüngsten aufsitzen, sonst wäre es für das Pferd zu schwer geworden. Die Reise ging nun schließlich bergauf. Völlig erschöpft kamen die Mühlbergers am Abend im »neuen« Haus in der alten Heimat an.

Es dauerte noch ein weiteres Jahr, bis Elisabeth Mühlberger in dem Ehepaar Anton und Maria Blösl neue Liebhaber für die alte Mühle fand.

Erst einige Zeit nach dem Erwerb des Moar-Hauses gingen Elisabeth die Augen auf. Mit Entsetzen stellte sie fest, dass zu dem Gütl kein Holzrecht gehörte. Dieses hatte der Vorbesitzer, bevor er mit Elisabeth zum Notar gegangen war, separat veräußert. Welchen Nachteil das für ihren Geldbeutel hatte, bekam die junge Witwe bald zu spüren. Damit sie nicht im Kalten saßen und täglich kochen konnten, musste sie für jeden Ster Holz bares Geld hinlegen. Das verteuerte das kleine Anwesen mit der Zeit erheblich.

Eigenartigerweise geht aus dem Grundbuch hervor, dass nicht Witwe Elisabeth Mühlberger Eigentümerin des Moar-Hauses war, sondern ihr 14-jähriger Sohn Johann. Wie man das gedreht und gedeichselt hatte, ließ sich nicht herausfinden. Aber damals wie heute war man erst geschäftsfähig, wenn man erwachsen war, und das war man in jener Zeit erst mit 21. Vermutlich hat zwar die Mutter den Kaufvertrag unterzeichnet, jedoch den Sohn als Eigentümer eintragen lassen, um ihn bei Laune zu halten, vor allem aber, um ihn abzusichern. Denn er war letztlich derjenige, der hinfort die Familie ernähren musste, indem er beim Staatsforst als Holzknecht arbeitete.

Das Bisschen an Grund und Boden, das sich um das Anwesen herum befand, konnte Elisabeth leicht mit ihrer zehnjährigen Tochter Ursula allein bewirtschaften. Auch mit den wenigen Tieren, die im Stall standen, kamen Mutter und Tochter gut zurecht. Witwe Elisabeth schickte ihre älteste Tochter Elisabeth, als diese 14 war, zu einem Bauern in den Dienst. Somit war schon mal eine aus der Kost. Ihre beiden jüngsten Kinder, Therese und Alois, waren beim Einzug ins Moar-Haus erst fünf und vier Jahre alt.

In Reit im Winkl

Kurz nach Ostern 1905 wurde Therese eingeschult. Ihre ganze Schulzeit durchlief sie als braves fleißiges Mädchen. Wie es damals üblich war, wurde sie nach sieben Schuljahren entlassen. Das war 1912, zwei Jahre bevor der Erste Weltkrieg begann. Wie alle Kinder in diesem Alter sollte sie nun auf eigenen Füßen stehen. Der übliche Lebensweg für ein Mädchen aus kleinbäuerlichem Betrieb wäre gewesen, als Dirn auf einem größeren Bauernhof zu arbeiten. Doch Mutter Elisabeth schickte Therese nicht wie ihre anderen Töchter als Magd zu einem Großbauern. Ob die Mutter ihrer Jüngsten das harte Leben einer Bauernmagd nicht zumuten wollte oder ob das Mädchen von sich aus den Wunsch geäußert hatte, einen anderen Weg einzuschlagen, ist nicht bekannt. Jedenfalls trat Therese wenige Tage nach ihrer Schulentlassung als Hausmädchen in das Reit im Winkler Krankenhaus ein, das nur wenige hundert Meter von ihrem Elternhaus entfernt lag.

Bis zum Jahre 1911 mussten noch alle Kranken und Verletzten der Gemeinde zu Hause gepflegt und ärztlich versorgt werden. Bei ernsthaften Krankheiten oder schweren Verletzungen, wie sie bei der gefährlichen Waldarbeit und in den Sägewerken immer wieder vorkamen, erwies sich die Krankenbetreuung nicht gerade als optimal. Doch die Patienten vierzig

Kilometer nach Traunstein ins dortige Krankenhaus zu schaffen, war unmöglich. Die lange Fahrt wäre zu beschwerlich, zu schmerzhaft oder gar lebensgefährlich gewesen. Denn einziges Transportmittel war das Pferdefuhrwerk. Auf diesem hätte sich der arme Mensch zusätzlich zu seinem Leiden noch etliche blaue Flecken geholt, weil die Straßen nur geschottert waren und sich ein Schlagloch an das andere reihte. Um dieser Situation Abhilfe zu schaffen, entschlossen sich die Gemeinderäte dazu, ein Krankenhaus zu bauen, obwohl damit riesige Kosten auf das Dorf zukommen würden.

Bis Ende 1911 war es fertiggestellt. Damit die Patienten dort fachgerecht versorgt werden konnten und der Unterhalt des Krankenhauses für die Gemeinde nicht zu teuer wurde, hatte man rechtzeitig mit dem Mutterhaus der Barmherzigen Schwestern des Ordens vom heiligen Vinzenz von Paul in München Kontakt aufgenommen. Von dort entsandte man einige Schwestern in das neueröffnete Krankenhaus. Ordensschwestern arbeiten bekanntlich um Gotteslohn, doch von irgendetwas müssen auch sie leben. Deshalb zahlte die Gemeinde monatlich eine bestimmte Summe als Aufwandsentschädigung an das Mutterhaus. Zusätzlich erhielt die örtliche Oberin einen geringen Geldbetrag für die kleinen Bedürfnisse der Schwestern vor Ort. Als ärztlicher Leiter des Krankenhauses wurde Dr. Adolf Heiler verpflichtet. In diesem Falle passt das Sprichwort: »Nomen est Omen«.

Die Schwestern waren ausschließlich für die Pflege der Patienten zuständig. Für die Hausarbeiten suchte man einheimische Mädchen. Das sah Elisabeth als

Chance für ihre jüngste Tochter und meldete sie sogleich an.

Von Anfang an teilte man Therese unterschiedlichen Aufgaben zu: Küchendienst, Putzen, Waschen, Bügeln. Sie erhielt äußerst wenig Bargeld als Entlohnung für ihre Dienste, doch sie bekam satt zu essen und Arbeitskleidung wurde gestellt. Das zählte auch. Sie wohnte weiterhin im Haus der Mutter.

Bald schon betraute man Therese mit einfachen Aufgaben in der Krankenpflege wie Patienten füttern, ihnen die Bettpfanne reichen und ausleeren, beim Waschen helfen. Hildegund, einer der Ordensschwestern, der Therese beim Waschen der Patienten half und die ihr wohlgesonnen war, fiel auf, dass sich das Mädchen im Umgang mit den Kranken sehr geschickt anstellte. Deshalb sprach sie ihre Helferin eines Tages an: »Therese, möchtest du nicht Krankenschwester werden?«

Mit leuchtenden Augen antworte die Angesprochene: »Ja, sehr gerne. Aber ich weiß nicht, wie und wo man das lernen kann.«

»Das ist kein Problem. In unserem Mutterhaus in Nymphenburg unterhalten wir eine Schwesternschule«, gab die Ordensfrau Auskunft.

»Dort muss man gewiss ein hohes Lehrgeld zahlen?«, zeigte sich das Mädchen besorgt.

»Meine Mutter ist aber sehr arm und wird das nicht aufbringen können.«

»Mach dir deswegen keine Sorgen. Für dich wird die Ausbildung dort kostenlos sein. Bevor du nach München fährst, werde ich dir nämlich ein Empfehlungsschreiben mitgeben.«

Noch ehe sich aber Therese auf die Reise nach München begab, stand der Witwe Elisabeth eine angenehme Aufregung ins Haus. Klara Hausberger (Jahrgang 1891), die Freundin ihres Sohnes Johann, erwartete von ihm ein Kind. Nicht nur, weil er ein anständiger Kerl war, wollte er sie so bald wie möglich heiraten, sondern auch, weil er sie liebte und gerne für immer mit ihr zusammen sein wollte. Für seine Mutter bedeutete das einiges an Veränderungen im Haus. Sie würde dem jungen Paar ihre Kammer überlassen und in eines der verwaisten Kinderzimmer ziehen. Das war das Mindeste, was sie tun konnte, denn der Sohn war immerhin der Eigentümer des Hauses.

Am 23. Oktober 1914 schritt Johann mit seiner Braut – sie im Dirndl, das auffallend stramm saß, er im Trachtenanzug – zunächst zum Standesamt und anschließend in die Kirche. Darin waren außer den zahlreichen Verwandten und Freunden auch viele Neugierige versammelt. Gefeiert wurde aber nur im kleinen Kreis, im Hause der Braut, lediglich mit den beiderseitigen Eltern und Geschwistern. Man verzichtete auf eine große Feier, zum einen, weil man sich im Krieg befand, zum anderen, weil man sparen wollte. Denn mit dem Nachwuchs würden weitere Ausgaben auf das junge Paar zukommen.

Für Therese war es die erste Hochzeit, die sie miterlebte. Zudem wurde ihr noch die Ehre zuteil, Kranzljungfrau zu sein. Ihr Bruder Alois wurde Kranzljungherr. Sie fand das alles sehr aufregend und malte sich aus, wie es eines Tages bei ihr sein würde, wenn ihr der Richtige über den Weg lief.

Am 21. Dezember 1914 kam der neue Erdenbürger im Moar-Haus an. Da Therese gerade keinen Dienst hatte, schaute sie bei der Entbindung höchst interessiert zu und machte der Hebamme geschickt Handreichungen.

Wie sollte es anders sein – der Bub wurde nach seinem Vater Johann Baptist genannt. Elisabeth war stolze Großmutter und Therese war stolz auf ihre neue Tanten-Würde.

Dieser kleine Johann verhinderte es, dass sein Vater in den Krieg ziehen musste. Damals nahm man noch Rücksicht auf junge Familienväter. Leider fiel der junge Johann am 3. März 1943 in Russland, noch bevor er eine Familie hatte gründen können.

Doch zurück in das Jahr 1914. In der Folgezeit redete Schwester Hildegund nicht nur beharrlich auf Therese ein, es gelang ihr auch, deren Mutter davon zu überzeugen, dass es für Therese der einzig richtige Weg sei, in München eine Ausbildung zur Krankenschwester zu machen. Nachdem das Mädchen vier Jahre in dem Krankenhaus gedient hatte, stellte sie ihm ein Empfehlungsschreiben aus. Ende April 1916 packte Elisabeth die Reisetasche für ihre Tochter. Darin hatten ihre wenige Unterwäsche, die beiden Arbeitskleider, die ihr das Krankenhaus gestellt hatte, und ihre Werktags-Schuhe leicht Platz.

Bereits am anderen Tag traten Mutter und Tochter die Reise an. Therese trug dabei ihr Sonntagsgewand und ihre »guten Schuhe«. Schon früh mussten sie sich aus dem Haus begeben, denn die sogenannte Karriol-Post, seinerzeit die einzige Verbindung Reit im Winkls mit der Außenwelt, fuhr bereits um 6 Uhr in der Früh von der Posthalterei in der Nähe der Kirche ab. Die leichte Kutsche wurde von zwei braunen, kräftigen Pferden gezogen. Für die beiden Frauen war es die erste Postkutschenfahrt ihres Lebens. Pro Person musste die Mutter 1,50 Mark hinlegen. Auf der unbefestigten Straße bis Marquartstein wurden sie ganz schön durchgeschüttelt. Ab dort wurde die Fahrt etwas angenehmer, denn sie bestiegen den Zug nach München. Hier musste die Mutter wieder 1,50 Mark pro Person zahlen. Das Sitzen auf den harten Holzbänken war aber auch kein reines Vergnügen. Vom Hauptbahnhof in München bis Nymphenburg waren es über fünf Kilometer. Diese legten sie zu Fuß zurück, indem sie sich mühsam durchfragten. Mit einer Droschke wäre der Weg wesentlich einfacher und bequemer gewesen, aber Elisabeth scheute eine weitere Ausgabe.

Im Kloster wurden sie von der Pfortenschwester ins Besucherzimmer geführt. Nach einiger Zeit erschien die Oberin und begrüßte sie freundlich. Therese überreichte ihr das Empfehlungsschreiben, das ihr Schwester Hildegunde mitgegeben hatte. Die fromme Frau las es aufmerksam durch. Dann richtete sie das Wort an Therese, indem sie ihr einige Fragen stellte. Mit den Antworten schien sie zufrieden zu sein, wie ihre Miene verriet. Zuletzt wollte sie wissen, wie Therese es mit dem sonntäglichen Gottesdienst halte. Als das Mädchen antwortete, es lasse keinen Sonn- und Feiertagsgottesdienst aus und besuche, wenn ihr Dienst es erlaube, auch die eine oder andere heilige Messe an Werktagen, hellte sich das Gesicht der Ordensfrau noch mehr auf. Schließlich zog sie aus einer Schublade ein Formular, um Thereses Personalien einzutragen. Als diese auf die Frage nach ihrem Geburtsdatum den 18. Juni 1898 angab, nahm das Gesicht der Oberin einen ernsten Ausdruck an: »Das tut mir leid, Therese, wir können dich noch nicht in die Schwesternschule aufnehmen. Du bist zu jung.«

Nun schaltete sich die Mutter in das Gespräch ein, welche die ganze Zeit schweigend dabeigesessen hatte: »Kann man da keine Ausnahme machen? Meine Tochter hat ihre Stelle im Krankenhaus ja schon gekündigt. Das sähe dumm aus, wenn sie jetzt wieder um Anstellung nachsuchte. Außerdem habe ich für sie die teure Fahrt nach München bezahlt. Wenn ich sie jetzt wieder mitnähme, müsste ich die Heimfahrt zahlen und später wieder die Herfahrt. Deshalb möchte ich das Dirndl nicht gerne wieder mit heimnehmen.«

»Liebe Frau Mühlberger, leider können wir keine Ausnahme machen. Wo kämen wir da hin? Wir haben unsere Vorschriften, an die muss ich mich halten.«

Weil Mutter und Tochter in dem Moment ein recht betrübtes Gesicht machten, sprach die Ordensfrau weiter: »Damit Therese einen neuen Arbeitsplatz hat und Ihnen die teuren Fahrten erspart bleiben, habe ich einen Vorschlag für Sie. In Aschau im Chiemgau, an dem Sie bei der Heimfahrt vorbeikommen, befindet sich das Krüppelheim von Prinzessin Ludwig. Dort benötigt man immer tüchtige, arbeitswillige Mädchen, die bei der Hausarbeit und bei der Betreuung der kleinen Patienten helfen. Mit dieser Aufgabe könnte Ihre Tochter die Wartezeit überbrücken, wäre gut unter und würde noch eine Menge dazulernen, was ihr in ihrem späteren Beruf zugutekäme. Bis Aschau ist es weniger weit als bis nach Reit im Winkl, also käme Sie die Fahrt auch nicht ganz so teuer zu stehen.«

Dieser Vorschlag gefiel den beiden Frauen, und sie bedankten sich dafür. Die Oberin reichte ihnen die Hand: »Viel Glück, Therese. Am 1. Oktober 1918 nehmen wir dich gerne in unseren neuen Kurs auf.«

Wie die Klosterschwester ihnen empfohlen hatte, stiegen die beiden in Aschau aus. Schnell fanden sie das genannte Heim, die heutige Orthopädische Kinderklinik. Schon im Eingangsbereich konnte Therese erkennen, was auf sie zukommen würde. Bedauernswerte Kinder mit den unterschiedlichsten Behinderungen schlurften, hinkten oder rutschten über den Boden. Von diesem Anblick ließ sich das junge Mädchen nicht abschrecken. Sie hatte sich vorgenommen, Krankenschwester zu werden, um Menschen zu helfen. Diese armen, von der Natur benachteiligten Kinder bedurften ihrer Hilfe erst recht. Kaum hatte Therese ihr Anliegen vorgebracht, wurde sie von der Heimleitung mit offenen Armen aufgenommen.

Obwohl ihre Mutter beim Anblick dieser armen Wesen geschockt war, empfand sie Erleichterung darüber, dass ihre Tochter bleiben wollte. Dennoch, als es ans Abschiednehmen ging, war beiden das Herz schwer. Therese war noch nie von zu Hause fort gewesen, und von Elisabeths Kindern wohnte keines so weit weg, als dass es nicht zu Fuß hätte heimkommen können. Beim Abschied bemühten sich beide, tapfer zu sein und ihre Tränen zu unterdrücken.

Was dann wirklich auf Therese zukam, hatte sie sich nicht vorstellen können. In diesem Haus waren wirklich die bedauernswertesten Menschen untergebracht, Kinder verschiedenen Alters, vom Säugling bis zum jungen Erwachsenen, mit den unterschiedlichsten Beeinträchtigungen. Es waren alles Menschenkinder, mit denen ihre Eltern nicht hatten umgehen können oder wollen. Obwohl der jungen Angestellten das Arbeiten hier oft recht schwerfiel und ihr vor Mitleid manchmal Tränen in die Augen traten, hielt sie tapfer durch.

Während der ganzen Zeit, die Therese in dem Heim in Aschau arbeitete, machte sie kein einziges Mal Besuch zu Hause, obwohl es bis daheim nur dreißig Kilometer waren. Das lag nicht nur daran, dass ihre finanziellen Mittel äußerst begrenzt waren, auch ihre Freizeit war sehr begrenzt.

Den Kontakt mit ihrer Familie hielt sie dadurch aufrecht, dass sie mit der Mutter brieflich korrespondierte. Zwar gingen nicht oft Briefe hin und her, weil das Porto ja auch etwas kostete und weil dem Mädchen nach einem Arbeitstag von 12 bis 14 Stunden über dem Schreiben die Augen zufielen. Andererseits, was hätte sie Großartiges schreiben sollen? Anfangs erzählte sie von ihrer Arbeit. Bald war es aber immer das Gleiche und es lohnte sich nicht, darüber zu berichten. Dass ihr die Arbeit manchmal zu viel wurde und dass sie sich seelisch oft überfordert fühlte, schrieb sie der Mutter nicht. Sie wollte ihr das Herz nicht unnötig schwer machen. Lieber berichtete sie von drolligen Begebenheiten, denn auch solche gab es, wenn auch selten.

Elisabeth freute sich über jede Nachricht von ihrer Tochter, wenn sie auch noch so kurz war. Sie dagegen verfasste ausführliche Briefe und berichtete Therese, was es in der Familie und im Dorf Neues gab. Leider musste sie ihr oft mitteilen, wer von den jungen Burschen im Krieg gefallen war. Es gab aber auch erfreuliche Nachrichten. Mit Stefan war am 23. März 1916 ein zweiter Sohn im Moar-Haus angekommen.

Außer Unterkunft und Verpflegung erhielt Therese für ihre Arbeit auch ein kleines Taschengeld. Davon konnte sie sich so viel zusammensparen, dass es für die Fahrt nach München reichen würde. Sie war erleichtert darüber, dass sie die Mutter nicht um Fahrgeld angehen musste. Am 30. September 1918 setzte sie sich erwartungsfroh in den Zug nach München und legte den Weg vom Hauptbahnhof bis Nymphenburg wieder zu Fuß zurück.

Bei den Klosterschwestern in München

Am folgenden Tag wurde sie mit 19 anderen Aspirantinnen in den neuen Kurs der Schwesternschule aufgenommen. Diese kamen aus den unterschiedlichsten Regionen Bayerns. Therese war eine eifrige und lernbegierige Schülerin. Wie in jedem Schwesternkurs wurde auch in diesem immer wieder abgewechselt zwischen einigen Wochen Blockunterricht und einigen Wochen Praxis auf unterschiedlichen Kranken-Stationen. Auf welcher Station auch immer Therese eingesetzt war, bei allen Patienten war sie beliebt wegen ihrer freundlichen und fürsorglichen Art. Besonders gut gefiel es ihr auf der Wöchnerinnenstation und im Zimmer mit den Neugeborenen. Auch im Kreißsaal wurde sie eingesetzt. Egal welche Aufgabe man ihr übertrug, sie stellte sich bei allem sehr geschickt an, sodass die leitende Hebamme sie fragte, ob sie nicht Hebamme werden wolle.

»O ja«, antwortete die Schülerin Therese. »Wäre das möglich?«

»Gewiss, du musst nur einen entsprechenden Lehrgang besuchen.«

Nach einigen Wochen suchte Therese die Oberin auf und trug ihr den Wunsch vor, Hebamme zu werden. Dem stünde nichts im Wege, meinte diese. Es sei aber von Vorteil, wenn sie erst einmal ihre Schwesternausbildung zu Ende mache. Die Kenntnisse, die sie dabei erwerbe, könnten ihr auch als Hebamme auf keinen Fall schaden. Sollte sie nach Ablegen des Schwesternexamens noch immer den Wunsch verspüren, Geburtshelferin zu werden, könne sie einen entsprechenden Lehrgang anhängen.

Als das erste Jahr der Ausbildung um war, schickte man den Kurs kurz nach Weihnachten geschlossen in Exerzitien. Diese geistlichen Übungen dauerten vom 26. bis 30. Dezember 1919. An sich gefiel Therese die Auszeit ganz gut. Nach den anstrengenden Wochen auf Station fühlten sich die Tage geradezu wie Urlaub an. Besinnliche Vorträge wechselten ab mit Gottesdiensten und meditativem Schweigen. Bei letzterem konnte man in seinem stillen Kämmerlein sitzen oder sich in der parkartigen Anlage des Klosters ergehen.

Zunächst vermittelte man ihnen einen Überblick über die Geschichte der Barmherzigen Schwestern. Vor allem machte man die aufmerksam lauschenden Schülerinnen mit den beiden Ordensgründern – Vinzenz von Paul und Luise von Marillac – bekannt.

Der heilige Vinzenz von Paul (1581–1660), Sohn adliger Eltern, wuchs in Frankreich auf. Nach seinem Studium der Theologie wurde er 1600 zum Priester geweiht. Statt brav eine Anstellung als Pfarrer eines Dorfes anzunehmen, führte er ein ruheloses Leben. Im Jahre 1605 wurde er sogar von türkischen Piraten gefangen genommen und in Tunis als Sklave verkauft. Nach drei Jahren Sklavendasein wurde er befreit und kam über Rom in sein Heimatland Frankreich zurück. In der Hauptstadt Paris begegnete er den Ärmsten der Armen, nämlich Alten und Kranken, die auf der Straße lebten. Von Mitleid übermannt, krempelte er sein ganzes Leben um und widmete es fortan diesen Ausgestoßenen der Gesellschaft. Damit aber nicht genug, bald kümmerte er sich zusätzlich um schwer erziehbare Jugendliche und Geisteskranke. Es dauerte nicht lange, da erkannte man ihn als Autorität auf dem Gebiet der Psychiatrie an. In der von ihm gegründeten Pflegeanstalt praktizierte er systematische Fürsorge für psychisch Kranke und wurde als »Reformator des Irrenwesens« bezeichnet. Bald genügte es ihm aber nicht mehr, sich nur um das leibliche Wohlergehen seiner Mitmenschen zu kümmern, er bemühte sich auch um ihr seelisches Wohl. Bei Besuchen auf den umliegenden Dörfern erschreckte ihn die religiöse Notlage der Landbevölkerung. Also ließ er sie durch speziell ausgebildete Patres missionieren.

Luise von Marillac, eine französische Adlige, wurde nach nur zwölfjähriger Ehe Witwe und sah sich damit dem Sinn ihres Lebens beraubt. In ihrer Verzweiflung und Niedergeschlagenheit suchte sie einen Geistlichen auf. Durch diesen lernte sie Vinzenz von Paul kennen. Diese Begegnung sollte ihrem Leben die entscheidende Wendung geben. War sie bisher nur auf ihr eigenes Wohlergehen bedacht gewesen, stellte sie ihre zukünftigen Tage ganz in den Dienst am Nächsten. Wie Vinzenz von Paul fühlte sie sich nun berufen, den Armen und Kranken beizustehen. Sie arbeitete mit ihm und in seinem Sinne weiter.

Ab 1633 fühlte sie sich zu einer neuen Aufgabe verpflichtet. In ihrem Haus in Paris nahm sie einige junge Bauerntöchter auf, um ihnen Bildung angedeihen zu lassen. Zunächst unterrichtete sie diese in Lesen und Schreiben. Damit eckte sie ganz schön an, nicht nur bei den adligen Herrschaften, sondern auch bei den Eltern dieser Mädchen. Es war unerhört, den Bauernmädchen eine solche Bildung zu vermitteln. Es galt als völlig unnötig, dass Bauerntöchter außer Melken, Misten und Kochen etwas lernten.

Trotz aller Widerstände brachte Luise ihren Schützlingen aber auch noch andere Fertigkeiten bei. Mit den Frauen, die sie ausgebildet hatte, nahm sie sich der zahlreichen Findelkinder an und pflegte mit ihnen auch die Patienten im Hôtel-Dieu, wie man die ersten Krankenhäuser in Frankreich nannte. Auch kümmerten sie sich gemeinsam um Strafgefangene und richteten Suppenküchen ein, die so manch einen Menschen vor dem Hungertod bewahrten.

Die Zeit der Meditation am zweiten Abend ihres Aufenthaltes nutzte Therese für einen langen Brief an ihre Mutter. Zunächst stellte sie die üblichen Fragen, wie es der Mutter gehe und wie es allen anderen gehe, die mit ihr im Haus lebten. Dann erwähnte sie, dass sie mit ihrem ganzen Kurs einige Tage an Exerzitien in einem anderen Kloster teilnehme. Sie beschrieb den Tagesablauf und was es am ersten und zweiten Tag zu essen gegeben habe. Dann berichtete sie über einige erbauliche Vorträge. Die Lebensgeschichte der beiden Ordensgründer muss sie enorm beeindruckt haben, sie schilderte der Mutter das Leben dieser beiden Menschen ziemlich ausführlich. Ihren Bericht beendete sie mit der Feststellung, Vinzenz von Paul und Luise von Marillac seien wirklich bewundernswerte Menschen gewesen, weil sie für die Armen und Kranken Großartiges geleistet hätten. Deshalb sei es kein Wunder, dass Vinzenz bereits vor langer Zeit durch den Papst heiliggesprochen worden sei und dass man den Seligsprechungsprozess für Luise in Rom bereits eingeleitet habe.

In den Vorträgen – jenen über Vinzenz habe ein Priester gehalten und jenen über Luise eine Ordensschwester – sei sehr stark betont worden, dass diese beiden Menschen selbstlos dem Ruf Gottes gefolgt seien. Beide Reden endeten mit der Aufforderung, die Schülerinnen sollten in sich hineinhorchen, ob sie nicht auch die Stimme Gottes vernähmen zur geistlichen Berufung. »Eine solche Berufung verspüre ich keineswegs«, schrieb Therese wörtlich. »Ich fühle mich eher dazu berufen, einen netten Mann zu heiraten und mit ihm Kinder zu haben.« Der Brief endete mit den üblichen guten Wünschen und lieben Grüßen.

Bevor es am folgenden Morgen in den nächsten Vortrag ging, nutzte Therese die Zeit nach dem Frühstück, um ihren Brief in den nächsten Postkasten zu werfen. An der Haustür stieß sie fast mit Hermine zusammen. Diese Kurskollegin stammte ebenfalls aus einem kleinen bayerischen Dorf und war, wie Therese, von ihrer verwitweten Mutter nach Nymphenburg geschickt worden, um eine Ausbildung zur Krankenschwester zu machen. Schnell hatten die beiden herausgefunden, dass sie auf einer Wellenlänge liegen, und hatten sich bereits nach wenigen Wochen angefreundet. Um die Freundschaft durch längere Gespräche zu vertiefen, fehlte ihnen sowohl während des Blockunterrichts als auch in den Wochen auf Station die Zeit.

Wie es schien, hatte Hermine ebenfalls am Vorabend die Meditationszeit zum Briefschreiben genutzt, denn sie hielt ein frankiertes Kuvert in der Hand.

»Anscheinend haben wir denselben Weg«, stellte Hermine fest.

»Hast du etwa auch an deine Mutter geschrieben?«, wollte Therese wissen.

»Nein«, lachte die Gefragte, »an meinen Liebhaber.«

Therese wusste nicht, ob das ein Scherz sein sollte oder ob es ernst gemeint war. Blitzschnell riss sie der verdutzt Dreinschauenden den Brief aus der Hand und schaute sich die Adresse an. Da stand es schwarz auf weiß: An Frau Irene Meister.

»Hermine, Hermine, du weißt, dass man nicht schwindeln darf!«, tadelte sie in schulmeisterlichem Ton mit drohend erhobenem Zeigefinger.

»Aber scherzen darf man doch«, verteidigte sich die andere mit zerknirschtem Gesichtsausdruck und gelobte, sich zu bessern. Daraufhin brachen die beiden in ein herzhaftes Lachen aus und setzten ihren Weg zum Postkasten fort.

Auf dem Rückweg fragte Hermine die Freundin unvermittelt: »Was hältst du von den erbaulichen Vorträgen?«

»Ja, erbaulich sind sie wirklich, aber man hört unmissverständlich eine Absicht heraus.«

»Was willst du damit andeuten?«, stellte sich Hermine dumm.

»Nun, es ist doch selbst für einen Blinden herauszuhören, dass man uns den Eintritt in den Orden schmackhaft machen will«, bekannte Therese.

»Genauso sehe ich das auch«, pflichtete ihr die Freundin bei. »Das Ordensleben wird uns als das

Ideal hingestellt. Als gäbe es für ein junges Mädchen nichts Erstrebenswerteres auf der Welt, als Nonne zu werden.«

»Bei einigen von uns scheint das schon verfangen zu haben«, gab Therese ihre Beobachtung kund. »Beim Nachtessen gestern habe ich mitbekommen, dass zwei unserer Mitschülerinnen entschlossen sind, die Exerzitien-Leiterin zu fragen, wie man in den Orden aufgenommen werden könne.«

»Eine ähnliche Beobachtung habe ich gestern Abend auch gemacht. Meine beiden Tischnachbarinnen unterhielten sich darüber, dass sie sich bei unserer Oberin zum Eintritt in den Orden anmelden wollen.«

»Mir ist das unverständlich«, seufzte Therese.

»Verstehen kann ich das schon«, entgegnete die andere. »Das sind Mädchen, die nichts zu verlieren haben und die ihren Eltern einen Gefallen tun wollen. Sie sind Töchter von Kleinbauern mit einem Stall voller Kinder. Sie wissen, dass es ihren Eltern schwerfallen würde, für sie das Heiratsgut aufzubringen, falls sie einen Hochzeiter finden. Eine Tochter aber, die als ausgebildete Krankenschwester in einen Pflegeorden eintritt, weiß sich bis an ihr Lebensende versorgt und erspart es den Eltern, für sie eine Aussteuer aufzubringen.«

Leider mussten die beiden Freundinnen dieses Gespräch abbrechen, weil sie mittlerweile das Gebäude erreicht hatten. Es hieß sich zu beeilen, dass sie rechtzeitig in ihren Vortrag kamen. In der Freistunde nach dem Mittagsmahl konnten sie ihr Gespräch aber fortsetzen. Beide hatten das Gefühl, dass sie offen miteinander reden konnten, ohne befürchten zu müssen, ihre geheimen Gedanken könnten ihrer Vorgesetzten hinterbracht werden.

Unter anderem stellte Hermine fest: »Wenn ich auch Verständnis dafür habe, dass sich einige unserer Mitschülerinnen so schnell dazu entschlossen haben, ihr Leben als Ordensfrau zu verbringen, für mich wäre das absolut nichts. Zwar habe ich von zu Hause auch kein Heiratsgut zu erwarten, hoffe aber, dass ich mir, wenn ich einige Jahre als Krankenschwester arbeite, meine Aussteuer selbst verdienen kann.«

Darauf erklärte Therese in fester Überzeugung: »Meine Mutter wird mir auch keine Mitgift geben können. In dem Punkt denke ich wie du, ich werde sie mir selbst verdienen müssen. Unsere lieben Vorgesetzten können lange warten, bis ich mich zum Eintritt ins Kloster entschließe. Ich gehöre weder zu den Schnellentschlossenen noch zu den Zögerlichen. Nicht mal im Traum denke ich daran, mein Leben hinter Klostermauern zu verbringen.«

»Da denkst du genau wie ich. Auch ich fühle mich keineswegs zum Ordensleben hingezogen. Meine Berufung sehe ich darin, einen anständigen Mann zu finden und mit ihm eine Familie zu gründen.«

In folgendem Punkt waren sich ebenfalls beide einig, dass man als weltliche Krankenschwester hilfreich für leidende Menschen wirken könne, ohne auf privates Glück verzichten zu müssen.

Natürlich besuchten die beiden Freundinnen die weiteren Vorträge, ließen sich jedoch von den frommen Reden nicht beeinflussen.

Viel zu schnell waren die Exerzitien zu Ende. Es ging in den Unterrichtsalltag zurück, wo man wieder sehr gefordert war und keine Zeit blieb, darüber nachzudenken, ob man ins Kloster eintreten wolle oder nicht. Doch bereits nach wenigen Tagen behielt Schwester Philomena, die Leiterin der Schwesternschule, nach dem Unterricht einige der Mädchen zurück. Es waren diejenigen, die sich bisher nicht dazu hatten durchringen können, einen Antrag um Aufnahme in den Orden zu stellen.

Zunächst schwärmte die Schulleiterin ihnen vor – was ohnehin alle längst wussten – dass es ein wunderbarer und erfüllender Beruf sei, kranke Menschen zu pflegen. Dann kam sie darauf zu sprechen, dass sich dies am besten in einer Ordensgemeinschaft verwirklichen lasse.

Hermine, die Mutigste der kleinen Schar, wagte zu widersprechen: »Als freie Krankenschwester kann man kranken Menschen doch ebenso gut dienen.«

Darauf reagierte Philomena mit säuerlicher Miene und hielt dagegen, dass da doch ein gewaltiger Unterschied bestehe. Als freie Krankenschwester werde man von den vielen Verlockungen der Welt abgelenkt und könne sich der Pflegetätigkeit nicht in dem Maße widmen, wie es wünschenswert sei. Das wäre der Grund, warum so manche weltliche Krankenschwester ihren Beruf nur halbherzig ausübe. Außerdem, sobald ihr ein Mannsbild über den Weg laufe, werde sie das Handtuch werfen und die ganze wertvolle Ausbildung sei umsonst gewesen. Als Ordensschwester dagegen bleibe man von allen profanen Dingen und den Verlockungen der Welt verschont und könne bis an sein Lebensende im Dienst am kranken Menschen stehen.

Diese Worte beeindruckten Therese schon sehr. Dennoch äußerte sie Bedenken: »Gewiss wäre es ideal, wenn man als Krankenschwester den Menschen bis ans Ende seiner Tage dienen könnte. Für mich ist es allerdings nicht vorstellbar, auf Dauer in einer klösterlichen Gemeinschaft zu leben.«

»Was ist es, liebes Kind, was dich daran stören würde?«, fragte sie mit milder Stimme. »Sind es etwa die Gelübde der Armut, der Keuschheit und des Gehorsams?«

»Nein, an Armut und Gehorsam bin ich von klein auf gewöhnt, auch das Gelübde der Keuschheit stört mich nicht. Was mich abschreckt ist die Tatsache, dass ich von der Welt abgeschirmt wäre und mein Leben in Klausur verbringen müsste.«

Mit dieser Zwischenbemerkung gab sie der Schulschwester Wasser auf die Mühlen: »Aber, aber, liebe Kinder, dem ist doch gar nicht so! Hat euch das denn noch niemand erklärt? Seit Jahren gibt es bei uns einen Zweig, der nennt sich ›Dritter Orden‹. Wer in diesen eintritt, muss nicht in Klausur leben. Diese Schwestern werden vom Mutterhaus in die Welt hinaus gesandt. Sie arbeiten entweder in einer Klinik, wo sie ein eigenes Zimmer bewohnen, oder sie arbeiten als Gemeindeschwester in einem Dorf oder einem Stadtteil, wo ihnen eine kleine Wohnung gestellt wird.«

Beifällig nickten einige der jungen Mädchen, und eine sprach das aus, was wohl einige von ihnen dachten: »Das hört sich gut an. So könnte ich mir mein Leben vorstellen.«

Daraufhin baten einige spontan um Aufnahme in den Dritten Orden. Therese, Hermine und Pia gehörten nicht dazu.

»Was ist mit euch?«, fragte die Ordensschwester die drei Zögerlichen in ungehaltenem Ton.

Es war Hermine, die ihr antwortete: »Die Idee, eine Gemeindeschwester zu sein, gefällt mir schon. Das könnte man doch auch als weltliche Schwester sein. Denn irgendwann möchte ich heiraten und Kinder haben.«

Zustimmend nickten Therese und Pia. Nun legte Philomena erst recht los: »Liebe Mädchen, das seht ihr zu blauäugig! Eure Heiratschancen sind äußerst gering. Der Krieg hat die besten Männer verschlungen, gerade solche, die altersmäßig zu euch gepasst hätten. Solltet ihr dennoch einen von denen abbekommen, die der Krieg übrig gelassen hat, so stellt euch das Eheleben nicht zu rosig vor. Es gibt genug Männer, die ihre Frauen schlagen oder das Geld ins Wirtshaus tragen. Ihr sitzt dann zu Hause und wisst nicht, wie ihr die kleinen hungrigen Mäuler stopfen sollt. Denn rücksichtslos, wie die Männer sind, werden sie dafür sorgen, dass ihr jedes Jahr ins Kindbett kommt.«

»Aber so schlimm werden doch nicht alle Männer sein?«, warf Pia unsicher ein.

Die Ordensfrau gab zu: »Gewiss sind nicht alle so. Man kann Glück haben. Aber wie wollt ihr die Spreu vom Weizen trennen? Vor der Heirat tun euch alle Männer recht schön, und sitzt ihr dann in der Falle, zeigen sie ihr wahres Gesicht. Das ist es aber nicht allein, was das Eheleben so schwer macht. Denkt mal an die Kinderkrankheiten, die unweigerlich kommen. Denkt an die ungezählten schlaflosen Nächte, die ihr am Bett eines Kindes sitzen werdet. Das alles bleibt euch erspart, wenn ihr das Ordensleben wählt.«

Die gute Schwester hatte sich richtig in Rage geredet und konnte Pia tatsächlich überzeugen. Sie bat stehenden Fußes um Aufnahme ins Kloster. Lediglich die beiden Freundinnen waren noch nicht umgestimmt. Deshalb sah sich die Schulleiterin genötigt, neue Geschütze aufzufahren: »Schaut her, ihr Mädchen, der Orden investiert viel Geld in eure Ausbildung. Da wäre es nur recht und billig, dass ihr Dankbarkeit zeigt, indem ihr in den Orden eintretet, um das zurückzugeben, was er euch gegeben hat.«

Die »aufmüpfige« Hermine wartete schon wieder mit einem Gegenargument auf: »Wir können dem Orden unsere Dankbarkeit doch auch dadurch erweisen und ihm das zurückgeben, was wir bekommen haben, indem wir einige Jahre im Krankenhaus des Ordens als weltliche Schwester Dienst am kranken Menschen tun.«

»Genau, so sehe ich das auch«, stimmte Therese ihr zu.

Die arme Schulschwester lief rot an. Sie atmete einige Male tief durch, bis sie sich folgende Worte abrang: »Das ist von euch gut gemeint. Aber es ist nicht üblich. Bei dieser Art Anstellung hätten wir keine Garantie, dass ihr wirklich eine bestimmte Zeit in unserem Dienst durchhaltet. Nein, nein, das können wir vergessen.«

Damit waren die Schülerinnen entlassen. Während sie den Gang entlangeilten, um nicht zu spät zum

Speisesaal zu gelangen, flüsterte Therese ihrer Freundin zu: »Was für ein Glück, dass wir beide gleicher Meinung sind. Als Einzige würde ich nicht den Mut aufbringen, mich gegen Philomena und den Wunsch des Klosters zu stellen.«

In den Unterrichtsstunden der folgenden Tage würdigte die Schulschwester die beiden »Abtrünnigen« keines Blickes. Sie sah durch sie hindurch, als ob sie Luft wären.

Ein paar Tage später baten Hermine und Therese um Audienz bei der Oberin. Diese Bitte hatte jedoch nichts damit zu tun, dass Philomena der kleinen Schülerinnen-Gruppe ihre flammende Rede gehalten hatte und erst recht nicht damit, dass sie die Freundinnen im Unterricht ignorierte. Dass die beiden das Gespräch mit der Oberin suchten, hatte einen anderen Grund, einen sehr triftigen.

Therese hatte nämlich ein Gerücht aufgeschnappt, das wohl schon seit einiger Zeit unter den Schülerinnen kursierte. Angeblich hatte eine Mitschülerin berichtet, ihre leibliche Schwester, die vor einigen Jahren hier die Ausbildung absolviert hatte, habe ihr anvertraut, die Aussichten, das Abschluss-Examen zu bestehen, seien größer, wenn man in den Orden eintrete. Brühwarm berichtete sie Hermine davon.

»Das kann ich nicht glauben«, reagierte diese heftig. »Dieses Märchen haben die Nonnen möglicherweise selbst in die Welt gesetzt, um uns weichzuklopfen.«

»Und was machen wir jetzt?«, fragte Therese verzagt.

»Wir lassen es drauf ankommen«, gab sich die Freundin kämpferisch.

»Das scheint mir zu riskant. Angenommen, die lassen uns durchfallen, was machen wir dann? Wenn wir kein Diplom vorweisen können, stellt uns weder eine Gemeinde noch ein Krankenhaus ein. Ohne Diplom nützt uns die ganze gute Ausbildung nichts. Dann stehen wir auf der Straße und können uns in das Heer der Arbeitslosen einreihen.«

»Nicht so mutlos, liebe Freundin. Uns bleibt immer noch dic Möglichkeit, zu heiraten und Ehefrau und Mutter zu spielen.«

Therese hielt dagegen: »Heiratsfähige Männer sind dünn gesät. Das ist mir nicht erst bekannt, seit Philomena uns in dieser Hinsicht aufgeklärt hat. Aus den Briefen meiner Mutter weiß ich, dass allein aus unserem Dorf eine ganze Reihe junger Männer auf dem Schlachtfeld geblieben sind.«

Diese Worte machten Hermine nachdenklich: »Du hast recht, Therese, auch meine Mutter hat mir einige Namen von jungen Männern aus unserem Dorf aufgezählt, die gefallen sind.« So diskutierten die beiden Schülerinnen dieses Thema noch eine Weile weiter.

Schließlich sprach Hermine das entscheidende Wort: »Uns bleibt nichts anderes übrig, als in den sauren Apfel zu beißen.«

Das war also der Grund, warum die beiden Mädchen so plötzlich mit der Klostervorsteherin reden wollten. Bei ihr persönlich wollten sie um Aufnahme in den Dritten Orden bitten. Diesen Wunsch mochten sie auf keinen Fall der Schulleiterin vortragen. Sie könnte sich ja sonst einbilden, Therese und Hermine hätten sich zu diesem Schritt entschlossen, weil sie von ihr im Unterricht ignoriert worden waren. Diesen Triumph wollten sie ihr nicht gönnen.

»Das freut mich, dass ihr beiden euch nun doch dazu entschlossen habt, unserer Gemeinschaft beizutreten«, stellte die Frau Oberin mit zufriedener Miene fest. »Nun haben wir alle zwanzig Schäfchen beisammen.«

Ja, wie ein Schaf, das zur Schlachtbank geführt wird, kam sich Therese auch vor.

Zur Überraschung aller Schülerinnen wurde der Termin für die Profess schon für den 29. Januar 1920 anberaumt. Wahrscheinlich befürchtete man, es könnten einige wieder abspringen, wenn man zu lange wartete. Die Zeit war sogar zu knapp, um die Eltern der angehenden Nonnen einzuladen. Die meisten von ihnen sahen das aber nicht als schlimm an. Es war dickster Winter und viele der Eltern lebten auf so weit entfernt liegenden Dörfern, dass es für sie sowieso nicht möglich gewesen wäre, zum Ehrentag ihrer Tochter in die Stadt zu reisen.

Im Rahmen einer heiligen Messe in St. Anton, der Ordenskirche der Kapuziner, die nicht allzu weit entfernt vom Mutterhaus lag, wurden die jungen Mädchen in die Schwesterngemeinschaft aufgenommen. Dem Ablegen der Profess, also dem Gelübde, in dem die Kandidatinnen Armut, Keuschheit und Gehorsam gelobten, folgte die feierliche Einkleidung in das schwarze Gewand der Postulantin. Dabei erhielt jede einen neuen Namen, aus Therese wurde Schwester Wilfrieda und aus Hermine Schwester Alberta. Auf Station würden sie in Zukunft natürlich aus hygienischen Gründen ein weißes Ordensgewand tragen.

Dass Therese es sich nicht leicht gemacht hatte, in den Orden einzutreten, und dass dies ihrer Oberin bewusst war, ist folgendem Vermerk in ihrer Akte zu entnehmen: »Sie kuschte.« Mit Kuschen meint man, jemand gehorcht aus Angst vor Strafe. Von innerer Überzeugung konnte hier also keine Rede sein.

Am 30. September 1920 legte Therese mit allen Kursgenossinnen ihr Schwestern-Examen mit gutem Erfolg ab. In einer kleinen Feierstunde überreichte man jeder Postulantin neben dem Diplom eine weiße Umhängetasche mit einem roten Kreuz darauf. Darin befanden sich Verbandszeug, ein Dreieckstuch, Jod und eine Schere. In ihrer kurzen Ansprache ermahnte die Schulleiterin die frischgebackenen Krankenschwestern, diese Tasche stets bei sich zu tragen, wenn sie außer Haus gingen. Sie seien nämlich zur Ersten Hilfe verpflichtet, wo immer sie Verletzte sähen. Das könne ein spielendes Kind sein mit einem aufgeschlagenen Knie oder ein Erwachsener, der als Fußgänger, Radfahrer oder gar mit dem Auto einen Unfall erlitten habe. In letzter Zeit nehme der Straßenverkehr ja in erschreckender Weise zu. Was nütze ihnen an einem Unfallort die beste Ausbildung, wenn sie kein Verbandszeug zur Hand hätten. Für diese Rede gab es reichlich Applaus. Danach wurde im Speisesaal ein festliches Mahl serviert.

Nach ihrem Examen arbeiteten die jungen Schwestern noch etwa ein halbes Jahr im Krankenhaus des Dritten Ordens. Dann wurden sie hinaus »in die Welt« entlassen. Also würden sich die Wege von Therese und Hermine trennen. Deshalb tauschten sie am

Abend vor dem Abschied ihre Heimatadressen aus. Über diese würden sie einander auf jeden Fall erreichen, egal wo das Schicksal sie hin verschlagen würde. Sie hatten fest vor, in Verbindung zu bleiben, nachdem sie zwei Jahre durch »dick und dünn« gegangen waren.

Am 17. Februar 1921 trat Schwester Wilfrieda ihren Dienst im Memminger Krankenhaus an, während Schwester Alberta in das Krankenhaus zu Kempten versetzt wurde.

Schon nach wenigen Wochen im Krankenhaus zu Memmingen übertrug man Schwester Wilfrieda – trotz ihrer Jugend und Unerfahrenheit – das Amt einer Stationsschwester. Obwohl sie mit Arbeit reichlich eingedeckt war – ein Zwölf-Stunden-Tag war die Regel, oft wurde es auch länger – behielt sie den Gedanken, Hebamme zu werden, stets im Hinterkopf. Noch ehe sie eine Möglichkeit sah, eine entsprechende Ausbildung zu beginnen, bot sich ihr unverhofft eine neue Aufgabe. Der Katholische Frauenbund Memmingen suchte beim Krankenhaus um eine Wochenbettpflegerin für Hausgeburten an. Als die Krankenhausleitung Schwester Wilfrieda fragte, ob sie diese Aufgabe übernehmen wolle, nahm sie das Angebot sofort an. Das war immerhin der erste Schritt in die gewünschte Richtung.

Frau Stiller, die freiberufliche Hebamme und Mutter zweier halbwüchsiger Kinder, für die Therese die Wochenbettpflege übernahm, wurde für sie bald zu einer mütterlichen Freundin. Schon nach wenigen Wochen vertraute sie ihr an, dass sie gerne Hebamme werden möchte.

»Du kannst nicht Hebamme werden«, entgegnete Frau Stiller. »Eine Ordensschwester darf diesen Beruf nicht ausüben. Nur in einer Notsituation darf sie Geburtshilfe leisten.«

Für die junge Wochenbettpflegerin brach eine Welt zusammen. Durch das Ordenskleid war es ihr also verwehrt, ihren Traumberuf zu ergreifen. Das musste sie erst einmal verdauen. Monatelang haderte sie mit ihrem Schicksal. Dann kam ihr die Erleuchtung: Am Tag der Einkleidung hatte man ihnen erklärt, die Versprechen müssten jedes Jahr erneuert werden, bis man nach dem Noviziat die Ewigen Gelübde ablege. Also fühlte sie sich an die Gelübde, die sie beim Eintreten in die Ordensgemeinschaft abgelegt hatte, nicht mehr gebunden und sah sie als längst »verfallen« an. Nun stand ihr Entschluss fest: Sie würde den Orden verlassen.

Mit Unterstützung von Hebamme Stiller plante sie ihr neues Leben. Stiller besorgte ihr ein kleines möbliertes Zimmer und schenkte ihr ein Kleid, das sie nicht mehr selbst trug. Am 9. März 1922 verschwand die junge Nonne bei Nacht und Nebel in dem geschenkten Kleid aus dem Krankenhaus. Ihre Ordenstracht ließ sie zurück, lediglich ihre Erste-Hilfe-Tasche nahm sie mit. So wurde über Nacht aus Schwester Wilfrieda wieder Therese. Niemandem gegenüber hatte sie vorher ein Wörtchen verlauten lassen. Erst nach sechs Wochen gab sie ihrer Vorgesetzten im Krankenhaus ein Lebenszeichen.

In der Zwischenzeit hatte sie sich in ihrem Zimmerchen gut eingelebt. Ihren Lebensunterhalt bestritt sie, indem sie weiterhin als Wochenbettpflegerin arbeitete. Von ihrer

Hebamme erfuhr sie, dass im Herbst in Memmingen ein neuer Hebammenkurs beginne, und sie meldete sich spontan dort an.

In ihren Briefen nach Hause hatte Therese regelmäßig über ihre beruflichen Veränderungen berichtet. Ihre Mutter war eine verständnisvolle Frau, die nie mit einem Vorwurf antwortete oder mit einem Befehl, dieses oder jenes zu machen oder zu unterlassen. Sie zeigte sich mit allem einverstanden, was ihre Jüngste tat. Ob diese ins Kloster eintrat oder ob sie es wieder verließ, ob sie im Krankenhaus wohnte oder in einem möblierten Zimmer in der Stadt, Elisabeths Kommentare waren stets ähnlich: »Dirndl, du musst deine eigenen Entscheidungen treffen. Schließlich ist es dein Leben. Du weißt selbst am besten, was für dich gut ist.«

In ihren Briefen hatte ihr die Mutter auch immer mitgeteilt, wenn ein neuer Erdenbürger im Moar-Haus angekommen war. Am 8. Juli 1919 war dies die Karolina gewesen und am 20. November 1920 der Josef. Der kleine Josef habe aber – auch das teilte die Mutter Therese mit – eine so schwächliche Natur gehabt, dass er bereits drei Tage später gestorben sei. Am 8. September 1921 dagegen war wieder ein gesundes, kräftiges Kind zur Welt gekommen, die Maria Elisabeth. Der kleine Johann Gottfried dagegen, der am 26. Juni 1922 das Licht der Welt erblickt hatte, war bereits am 29. Juni zu seinem Schöpfer zurückgekehrt.

Ende Oktober 1922 hatte Therese für ihre Mutter die erfreuliche Neuigkeit, dass sie am 1. Oktober mit einem Hebammenlehrgang begonnen hatte, der fünf Monate dauern werde. Auf diesen Brief antwortete die Mutter schneller als gewöhnlich.

Reit im Winkl, den 2. November 1922

Liebe Therese!
Es freut mich, dass Du nun auf dem Weg bist, den Du Dir so lange gewünscht hast. Mir scheint, es ist endlich das, wozu Du Dich berufen fühlst. Wenn Du mit der Ausbildung fertig bist, brauchst Du Dir aber keine Stelle zu suchen. Stell Dir vor, ich habe bereits eine für Dich! Als die Zenta, unsere alte Hebamme, im Juni zu Klaras Entbindung bei uns war, klagte sie darüber, dass es ihr mit der Zeit zu beschwerlich werde, immer die weiten Wege zurückzulegen, besonders, wenn sie auf die Berge zu den abgelegenen Höfen müsse. Die Entbindungen würde sie noch gut schaffen, aber die daran anschließenden neun Tage Wochenbettpflege, das werde ihr zu viel.

Nun traf ich die gute Zenta gestern auf dem Friedhof wieder. Nach der Gräbersegnung berichtete ich ihr, dass Du am 1. Oktober mit einem Hebammenlehrgang begonnen hast und in fünf Monaten fertig sein wirst. Da packte sie meine Rechte mit beiden Händen und beschwor mich, Dir sofort zu schreiben, dass Du gleich nach bestandener Prüfung heimkommen sollst, um sie zu entlasten. Das ist doch wunderbar! Nicht nur die Zenta und ich würden uns riesig freuen, Dich endlich wieder bei uns zu haben, sondern auch alle anderen im Haus.
Liebe Grüße von uns allen,
Deine Mutter

Über diese Nachricht freute sich die angehende Hebamme »unbandig«. Endlich wieder nach Hause!

Endlich die Mutter wiedersehen! Endlich die Geschwister wiedersehen! Endlich die neuen Nichten und Neffen kennenlernen! Noch mehr aber freute sie sich, bereits eine Stelle zu wissen in ihrem Wunschberuf! Und noch dazu in ihrem Heimatdorf!

Von nun an lernte sie noch eifriger und studierte das Hebammenlehrbuch von vorne bis hinten. Im Kreißsaal war sie immer ganz vorne, um nur ja alles zu sehen und auch mal ins Geschehen eingreifen zu können. Sie hatte den Ehrgeiz, eine gute Hebamme zu werden. In ihrem Heimatort wollte sie sich schließlich nicht blamieren.

Ende Januar 1923 schrieb die angehende Hebamme ihrer Mutter, sie möge der Zenta ausrichten, dass sie am 1. März in Reit im Winkl eintreffen werde.

Am Abend des 28. Februar lud Frau Stiller die junge Hebamme zum Nachtessen ein, um mit ihr das sehr gute Ergebnis ihres Abschlussexamens zu feiern. Gleichzeitig war es das Abschiedsessen, denn am folgenden Tag würde Therese in ihre Heimat zurückkehren. Die mütterliche Freundin drückte ihr Bedauern darüber aus, dass sie eine so tüchtige Kraft verliere. Zum Schluss gab sie ihr noch einen guten Rat: »Therese, du solltest so bald wie möglich heiraten und Mutter werden.«

»Wieso das?«, fragte diese überrascht. »Ich bin froh, dass ich nun einen Beruf habe, der mich ernährt. Darauf will ich mich voll und ganz konzentrieren und mich vorerst nicht durch ein Privatleben ablenken lassen.«

»Das ist eine löbliche Einstellung«, meinte die erfahrene Geburtshelferin. »Aber als Hebamme solltest du selbst mindestens eine Entbindung durchgemacht haben. Du wirst kaum eine Gemeinde finden, die eine Hebamme einstellt, die frisch von der Schule kommt, die also keine Berufserfahrung mitbringt und die vor allem kein eigenes Kind hat.«

»Aber mir ist doch schon eine Stelle in meinem Heimatdorf zugesagt worden«, widersprach Therese.

»Ja, als Wochenbettpflegerin. Das ist etwas ganz anderes. Als solche hast du bei mir ja auch gearbeitet. Wenn du aber eines Tages die Nachfolge eurer alten Hebamme antreten willst, erwartet man von dir nicht nur Berufserfahrung, sondern auch, dass du selbst die Strapazen einer Geburt durchgemacht hast«, erklärte ihre »Lehrmeisterin«.

»Warum ist das so wichtig, wenn ich selbstständige Hebamme werden will?«, wollte Therese wissen.

»Das ist einfach zu erklären: Die werdenden Mütter haben kein Vertrauen zu einer Frau, die nicht selbst ein Kind zur Welt gebracht hat. Die hat ja keine Ahnung, was eine Frau bei einer Entbindung wirklich mitmacht, denken sie.« Das leuchtete der frischgebackenen Hebamme ein. Sie bedankte sich herzlich für diesen Rat, dachte aber im Stillen: Mit dem Heiraten hat's noch Zeit. Vorerst mache ich ja nur Wochenbettpflege und assistiere der Zenta, wenn es nötig ist. Dabei werde ich eine Menge lernen.

Am folgenden Tag bestieg die junge Reit im Winklerin frohen Herzens den Zug, der sie nach Hause bringen sollte. Sie reiste in einem Coupé dritter Klasse, das, wie sie das bereits kannte, mit harten Holzbänken ausgestattet war, bis Marquartstein. Um ihre Reise fortzusetzen, wollte sie am dortigen Bahnhof die Karriol-Post besteigen, die sie und ihre Mutter Ende April 1916, als sie »ausgewandert« war, zur Bahnstation gebracht hatte. Anstelle der zweispännigen Postkutsche stand für die Weiterfahrt der Reisenden jedoch ein ziemliches Ungetüm auf dem Bahnhofsvorplatz. Dieses sah wenig vertrauenerweckend aus.

Was ihr die Mutter nicht geschrieben hatte – vermutlich, weil sie das selbst nicht wusste – war, dass sich inzwischen so einiges geändert hatte, was den Personenverkehr in Richtung ihres Heimatdorfes betraf. Der Poststall in Reit im Winkl existierte nicht mehr. Bereits 1921 war er aufgelöst worden, weil er sich für den Betreiber nicht mehr rentiert hatte. Zum Glück für die Bewohner der Bergdörfer nutzte ein unternehmungsfreudiger Marquartsteiner die Gunst der Stunde, sonst wäre Reit im Winkl für lange Zeit ohne Verbindung zur Außenwelt geblieben. Gemeinsam mit einem Spezi hatte er die Ladefläche eines Lkws aus dem Weltkrieg mit einfachen, grob gehobelten Holzbänken ausgestattet. Darüber hatten sie aus Brettern eine Art Karosserie errichtet, sodass die Passagiere vor Wind, Regen und Schnee geschützt waren. Im Volksmund wurde das Gefährt »Brüggler Arche« genannt – warum, weiß ich nicht. Jeden Morgen brachte der Fahrer damit die Reit im Winkler und die Wössener Pendler zum Bahnhof nach Marquartstein. Am Abend beförderte er sie wieder zurück.

Therese staunte nicht schlecht, als sie über die wacklige Leiter aufsteigen musste, um auf den primitiv zusammengehauenen Bänken Platz nehmen zu können. Das Fahrzeug schnaufte ganz schön, da es in

Richtung Reit im Winkl stetig bergauf ging. Nicht nur in Unter- und Oberwössen hielt es an, um Passagiere aussteigen zu lassen, auch auf halber Strecke zwischen Oberwössen und Reit im Winkl legte der Fahrer eine Pause ein. Das erhitzte Gefährt musste sich erst wieder erholen, damit es den Rest der Strecke heil überstand. Nachdem Therese die abenteuerliche Reise glücklich hinter sich gebracht hatte, atmete sie auf. Sie empfand es geradezu als Erholung, den Rest des Weges zu Fuß zurücklegen zu können, obwohl sie dabei auch ihren Koffer und ihre Reisetasche zu tragen hatte. Darin war wesentlich mehr Kleidung, als sie bei ihrer Abreise mitgenommen hatte.

Wie schön war es, das liebvertraute Heimathaus wiederzusehen! Von der Mutter wurde sie herzlich begrüßt. Sogleich stürmten auch ihre Nichten und Neffen herbei, gefolgt von ihrem Vater Johann Baptist und ihrer Mutter Klara. Nach dem Nachtessen, zu dem die Mutter alle Hausbewohner eingeladen hatte, saß man noch lange beisammen. Auf beiden Seiten gab es viel zu erzählen.

Die heimgekehrte Tochter dachte, sie könne nun ein paar Urlaubstage einlegen. In diesem Punkt hatte sie sich aber getäuscht, und es war ihr gar nicht unangenehm.

Bereits am folgenden Morgen kam eine Botin der alten Geburtshelferin, um sie abzuholen und zum Haus einer Gebärenden zu bringen. Sie trat an das Bett der werdenden Mutter, und Zenta stellte sie vor: »Das ist Therese, ein Dirndl vom Moar-Haus. Sie kommt direkt von der Hebammenschule und soll in einigen Jahren meine Nachfolgerin werden.«

Dann wandte sie sich auffordernd an Therese: »Nun zeig mal, was du gelernt hast.«

Sie ließ Therese die Entbindung ganz allein durchführen und beobachtete das Geschehen lediglich aufmerksam. Die neue Hebamme holte ein gesundes, kräftiges Kind zur Welt. Am Schluss äußerten sich Mutter und Hebamme sehr zufrieden mit ihrer Arbeit. Zenta überließ es Therese auch, die Wöchnerin in den folgenden drei Stunden zu beobachten, und verabschiedete sich. Therese folgte ihr bis zur Haustür, um zu fragen: »Wieso hast du mich die Entbindung machen lassen? Meine Mutter hat mir geschrieben, dass du mich vorerst nur als Wochenbettpflegerin brauchst.«

Zenta lachte: »Das stimmt, so habe ich ihr das erklärt. Aber wie willst du Erfahrung sammeln, wenn du nicht selbst Geburten durchführst? Für dich sollte es beruhigend sein, dies unter der Aufsicht einer erfahrenen Hebamme zu tun. Oder ist dir das etwa nicht recht?«

»O doch, Zenta. Das ist mir sogar sehr recht. Eine bessere Schulung gibt es für mich nicht. Vielen Dank für deine Einstellung.«

Therese machte auch selbstständig die Eintragung ins Hebammentagebuch und füllte den Schein aus, der für das Einwohnermeldeamt bestimmt war. Da keine Probleme aufgetreten waren, konnte Therese die junge Mutter nach der vorgeschriebenen Beobachtungszeit verlassen. In den folgenden neun Tagen besuchte sie die Wöchnerin jeden Morgen und jeden Abend, um sie und das Neugeborene zu pflegen.

Auch alle folgenden Entbindungen durfte die neue Geburtshelferin unter den wachsamen Augen der alten durchführen. Zenta griff nur ein, wenn Komplikationen drohten. Manchmal wurde sogar Dr. Heiler, der Arzt vom Krankenhaus, hinzugezogen, zum Beispiel bei einer Steißlage oder bei einer Querlage. Er nahm dann eine Zangengeburt vor oder gar einen Kaiserschnitt. In den folgenden Jahren lernte die junge Hebamme so manchen Kunstgriff von ihrer alten Kollegin.

Zwar verdiente Therese in ihrer »Lehrzeit« nicht gerade üppig, aber sie konnte davon leben, zumal die Leute sie anfangs in Naturalien bezahlten. Man befand sich ja im Inflationsjahr 1923, in dem das Geld täglich an Wert verlor. Therese wusste die nahrhaften Zuwendungen, die ihr die Familien der Wöchnerinnen machten, sehr zu schätzen. Hier bekam sie eine Scheibe Butter oder eine Wurst, dort ein paar Eier, ein Stück Speck oder einen Laib Brot. So kam sie gut über die Runden, noch dazu, weil sie bei ihrer Mutter mietfrei wohnen konnte.

Die ersten Monate konzentrierte sich Therese voll auf ihre Arbeit; für irgendwelche Ablenkungen oder Unternehmungen nahm sie sich keine Zeit.

Als es nach der Währungsreform wirtschaftlich wieder leicht aufwärts ging, bekam sie endlich Geld in die Hand. Dieses sparte sie gewissenhaft, um nicht mit leeren Händen dazustehen, wenn sie einmal heiraten sollte. Die ehemalige Schwester Wilfrieda hatte nämlich ihr Ziel nicht aus den Augen verloren: Eines Tages wollte sie selbstständige Hebamme sein. Deshalb schien es ihr an der Zeit, nach einem passenden Ehemann Ausschau zu halten. Gewiss, ein lediges Kind hätte es in dem Fall auch getan, aber Therese war für geordnete Verhältnisse. Aus dem Krieg waren immerhin einige Männer zurückgekehrt, die als Hochzeiter infrage kamen. Wo aber sollte man einen solchen finden?

Verliebt – verlobt – verheiratet

Jedes Mannsbild in Reit im Winkl, das etwas auf sich hielt, war Mitglied im örtlichen Trachtenverein. Dieser war um die Jahrhundertwende gegründet worden, denn nachdem in den Dörfern rundum bereits solche Vereine aus dem Boden gewachsen waren, wollte man in Reit im Winkl nicht nachstehen.

Am 28. April 1901 hatten sich 22 Männer in einem Wirtshaus getroffen zur feierlichen Gründungsversammlung. Gleich zu Beginn seiner Ansprache führte der Festredner aus, Aufgabe des Vereins sei es nicht, Saufgelage abzuhalten, sondern die Gebirgstracht und die alten Bräuche wieder aufleben zu lassen. Gesang, Musik und Tanz aus alter Zeit sollten gepflegt werden, vor allem das Schuhplattln und das Dirndldrahn. Diese kämen zur Geltung bei geselligen Feiern und bei Festen. Solche wolle man in regelmäßigen Abständen veranstalten, damit die jungen Leute Gelegenheit hätten, einander näherzukommen. Weiter führte der Festredner aus, der Trachtenverein diene nicht nur dem Vergnügen der Dorfbewohner, er fördere auch den aufkommenden Fremdenverkehr. Denn Leute aus allen Regionen Deutschlands und sogar aus dem Ausland wüssten bayerische Trachten und Bräuche zu schätzen. Dieses Argument überzeugte sogar den Letzten, welcher der Sache vielleicht bisher noch skeptisch gegenübergestanden hatte. Nicht nur die

Kleinbauern, die von ihrem geringen Grundbesitz mit den kargen Böden ein bescheidenes Leben führten, konnten jede Mark brauchen, die durch die Sommerfrischler – wie die Touristen damals noch hießen – hereinkam. Selbst Bauern mit mittleren und großen Höfen sahen es als willkommene Einnahme, indem sie Zimmer an Gäste vermieteten.

Daher hatte der Verein in der Folgezeit großen Zulauf. Im Sommer desselben Jahres zählte er bereits vierzig Mitglieder unterschiedlichen Alters. Frauen durften allerdings nicht Mitglied werden, obwohl manch eine es begrüßt hätte. Nun sind aber Geselligkeit und Tanz ohne Weiberleut nicht vorstellbar und Dirndldrahn erst recht nicht. Deshalb wurde den Vereinsmitgliedern ausdrücklich empfohlen, zu allen Festlichkeiten nicht nur ihre Ehefrauen, sondern auch die heranwachsenden Töchter und die ledigen Schwestern mitzubringen. Auf diese Weise entwickelte sich der Trachtenverein tatsächlich bald zum Heiratsmarkt.

Durch die Kriegsereignisse war leider – wie in allen Dörfern – das Vereinsleben zwischen 1914 und 1920 völlig zum Erliegen gekommen. Danach blühten die Vereine wieder auf. Nicht nur innerhalb eines jeden Dorfes erstand ein reges Vereinsgeschehen mit Festen und Feiern, man wollte auch mit anderen Vereinen seine »Kräfte messen«, indem man gegeneinander antrat, sei es im Schuhplattln, mit Dirndldrahn oder zu Figurentänzen. Selbst die Blasmusikgruppen maßen sich im Wettstreit. Es entstanden sogenannte Volkstrachtenfeste, von denen jedes Jahr eines in einem anderen Ort stattfand und zu denen man sich gegenseitig besuchte. Weil diese Feste gar so viel Spaß machten, blieb man nicht mehr nur in der näheren Umgebung, man dehnte die Reisen aus bis Bad Reichenhall oder sogar bis Nürnberg. Dadurch vergrößerten sich die Heiratschancen der jungen Leute erheblich.

Eines Abends im Januar 1924, Therese war kurz zuvor ziemlich erschöpft von einer Entbindung heimgekehrt, seufzte sie beim Abendessen abgrundtief.

Besorgt fragte die Mutter: »Was ist los Dirndl? Hat es bei der Geburt Schwierigkeiten gegeben?«

»Nein, nein, es lief alles bestens. Aber ich möchte bald selbstständige Hebamme werden.«

»Du kannst doch der Zenta nicht einfach das Geschäft wegnehmen«, mahnte Elisabeth.

»Gerade die Zenta ist es, die mich dazu drängt, endlich zu heiraten. Sie will sich bald zur Ruhe setzen.«

»Hm, dann sieht die Sache freilich anders aus«, wirkte die Mutter erleichtert.

»Als Zenta mir empfahl zu heiraten, habe ich sie gefragt, wo ich so schnell einen Hochzeiter hernehmen solle. Sie wisse ja selbst, dass ich in den Häusern, in die ich gerufen werde, nur Familienväter antreffe.«

»Und, hatte sie einen vernünftigen Vorschlag für dich?«

»Ja. Sie meinte, ich solle die Veranstaltungen des Trachtenvereins besuchen. Seit es aus der Mode gekommen sei, dass Eltern die Ehen für ihre Kinder arrangierten, sei das der bestfunktionierende Heiratsmarkt, den sie kenne.«

»In dem Punkt muss ich der Zenta ohne Einschränkung recht geben. Auf die Idee hätte ich selbst kommen können. Unser Johann hat seine Frau beim Trachtenverein getroffen, und deine Schwester Elisabeth hat ihren Ehemann ebenfalls dort gefunden. Also, auf zum nächsten Tanzabend des Vereins!«

»Ach, Mutter, du hast gut reden«, entgegnete die Tochter. »Für eine junge Frau, noch dazu eine ledige, schickt es sich doch nicht, eine Tanzveranstaltung ohne männlichen Begleiter zu besuchen.«

»Das stimmt. Doch lass den Kopf nicht hängen, ich habe schon eine Idee. Am Samstag kommt dein Bruder Alois heim. Wie ich den kenne, will er unbedingt zum Vereinstanz. Der nimmt dich gewiss gerne mit.«

So geschah es auch. Alois war stolz darauf, seine hübsche Schwester ausführen zu dürfen. In dem Wirtshaus, das als Vereinslokal diente, fanden sie nach kurzem Suchen an einem Tisch zwei freie Stühle. Sie saßen noch nicht richtig, da spielte die Blaskapelle schon zum ersten Tanz auf. Sogleich steuerte ein gutaussehender Jungmann vom Nachbartisch auf Therese zu und bat sie um den Tanz. Das war ihr geradezu peinlich, sie konnte nämlich nicht tanzen. Wo hätte sie das auch gelernt haben sollen? Als sie sich entschlossen hatte, den Tanzabend zu besuchen, hatte sie damit gerechnet, die ersten Runden mit ihrem Bruder zu drehen, damit er ihr die wichtigsten Schritte beibrachte.

Nun würde sie sich schön blamieren, denn sie wagte es nicht, dem Tänzer einen Korb zu geben. Der würde sonst beleidigt sein und sich nie wieder blicken lassen. Zögerlich folgte sie ihm auf die Tanzfläche.

Ihre Angst war völlig unbegründet. Mit starken Armen führte sie der Bursche im Walzertakt sicher durch das Gewühl. Es dauerte nicht lange, da hatte sie den Schritt begriffen. In der ersten Tanzpause stellte er sich als Wimmer-Steff vor. Ach ja, da erinnerte sie sich. Sie kannte ihn von der Schulzeit her. Er war nur zwei Jahre älter als sie, deshalb waren sie in der zweiklassigen Schule einige Jahre im selben Raum miteinander unterrichtet worden. Als Schülerin hatte sie sich aber nicht für Buben interessiert. Nach seiner Schulentlassung hatte man sich aus den Augen verloren.

»Bist du nicht eines von den Moar-Hof-Dirndln?«, erkundigte er sich.

»Freilich«, gab sie zur Antwort. »Aber wie bist jetzt darauf gekommen?«

»Weil du beim Moar-Alois am Tisch sitzt. Außerdem kenne ich deine Schwestern. Die Ähnlichkeit ist unverkennbar.«

Die Musik setzte wieder ein und unterbrach das Gespräch. Als Stefan das Mädchen nach der zweiten Halbzeit an ihren Tisch zurückführte, fragte er: »Wie kommt es, dass ich dich hier noch nie gesehen habe?«

Sie erzählte ihm, dass sie fast sieben Jahre von zu Hause weg gewesen sei. Darüber wollte er Genaueres erfahren. Um sich mit ihr ausführlich unterhalten zu können, bat er den Alois, mit ihm den Platz zu tauschen. Das tat dieser bereitwillig. An diesem Abend wich ihr der Stefan nicht mehr von der Seite. Sie unterhielten sich nicht nur sehr angeregt, sie ließen auch keinen Tanz aus. Sobald die Musik einsetzte, führte er sie zur Tanzfläche, damit kein anderer sie ihm wegschnappen konnte.

Therese genoss die Aufmerksamkeit des jungen Mannes sehr und verspürte ein ungekanntes Kribbeln im Bauch. Das unerfahrene Mädchen dachte, das müsse Liebe sein. Aber nicht nur sie, auch den Steff hatte die Liebe wie ein Blitz getroffen.

Zuerst hatte Therese ihm alles Wissenswerte aus ihrem Leben berichtet, dann wollte sie auch einiges über ihn wissen. Er erzählte, seine Eltern hätten nach drei Dirndln endlich einen Sohn bekommen. Sie seien stolz und glücklich gewesen, endlich einen Stammhalter zu haben. Das sei aber nicht er gewesen, sondern sein Bruder Lorenz. 13 Monate später sei er als zweiter Bub zur Welt gekommen. Gewiss, er sei den Eltern auch willkommen gewesen, nur habe sich ihre Freude in Grenzen gehalten. Danach hörte Stefan mit Aufzählen fast nicht mehr auf, denn nach ihm hatte seine Mutter noch weitere elf Kinder zur Welt gebracht, von denen waren aber einige jung gestorben.

Da üblicherweise der Erstgeborene den Hof bekommt, habe er, der Stefan, sich rechtzeitig nach einer anderen Existenz umschauen müssen. Nach der Schulentlassung habe er das Glück gehabt, beim Staatsforst als Holzknecht angestellt zu werden. Als solcher lebe er mit seinen Kameraden die ganze Woche über in unterschiedlichen Waldhütten und komme nur am Samstagabend heim.

»Das muss aber hart sein«, meinte Therese teilnahmsvoll.

»Ach, so schlimm finde ich das nicht. Wir sind eine eingeschworene Gemeinschaft und pflegen eine tolle Kameradschaft. Vor allem aber verdient man in dem Beruf gut. Und da ich wenig Gelegenheit habe, Geld auszugeben, konnte ich mir eine Menge wegsparen.«

»Hat nicht die Inflation deine ganzen Ersparnisse aufgefressen?«, fragte das Mädchen besorgt.

»Nein, ich hatte wahnsinnigen Dusel. Ein Jahr zuvor wurde ein Baugrund, der an die Felder meiner Eltern grenzt, zum Verkauf angeboten. Ohne lange zu überlegen, griff ich zu. Dort möchte ich in absehbarer Zeit bauen, damit ich meiner Zukünftigen ein anständiges Zuhause bieten kann.«

Bei diesen Worten schaute er sie so eigenartig an, dass ihr Herz schneller schlug und sie spürte, wie ihr die Röte ins Gesicht stieg. Wenn er das wirklich ernst meinte und wenn er dabei an sie dachte, würde sie ihrem Ziel, als selbstständige Hebamme zu arbeiten, ein gutes Stück näher sein.

Doch über solche Zukunftsmusik wagte sie nicht mit ihm zu reden. Stattdessen sprachen sie über belanglose Dinge, scherzten und lachten und verstanden sich prächtig.

Selbstverständlich begleitete er sie an diesem Abend nach Hause. Sie hatten die Haustür schon fast erreicht, da fragte er:

»Wie schreibst du dich eigentlich? Schließlich will ich wissen, in wen ich mich verliebt habe.«

Geschmeichelt lächelte sie: »Wir schreiben uns Mühlberger.«

Er stutzte: »Was, Mühlberger? So schreiben wir uns auch. Jetzt aber langsam. Ehe was Ernstes draus wird, müssen wir nachforschen, ob oder wie nah wir miteinander verwandt sind.«

Bei diesen Worten war Therese blass geworden. Mit belegter Stimme antwortete sie: »Ja, das sollten wir auf jeden Fall herausfinden.«

»Gleich morgen werde ich meinen Vater fragen«, versicherte der junge Mann. »Soviel ich weiß, beschäftigt er sich schon seit Längerem mit Ahnenforschung.«

»Meinen Vater kann ich leider nicht mehr fragen. Er ist bereits 1902 in Unterwössen in der Stückl-Mühle gestorben.«

»Ah, das klingt gut. Nein, nicht dass er gestorben ist, sondern dass er der Sägmüller der alten Mühle war. Dann gehört er gewiss zu einem anderen Zweig der zahlreichen Mühlbergers.«

Diese Feststellung gab der jungen Frau wieder etwas Hoffnung. Sie verabschiedeten sich nun sehr schnell per Handschlag. Solange die verwandtschaftlichen Verhältnisse nicht geklärt waren, wagte er es noch nicht einmal, ihr ein Abschieds-Busserl zu geben.

Am folgenden Morgen, noch bevor Elisabeth ihre Tochter fragen konnte, wie der gestrige Abend verlaufen sei, bestürmte diese ihre Mutter mit einer Frage: »Weißt du, ob wir mit dem Wimmer-Bauern verwandt sind?«

»Warum willst du das so plötzlich wissen? Du hast dich doch bisher nicht für Familien-Zusammenhänge interessiert.«

Die Tochter lächelte verschämt: »Gestern Abend hat der Wimmer-Steff die ganze Zeit mit mir getanzt. Und am Ende des Abends stellte sich heraus, dass er sich auch Mühlberger schreibt.«

»Was ist daran so aufregend?«, tat die Mutter scheinheilig.

»Ah, geh, Mutter, du weißt schon, was ich meine.«

»Aha, du hast dich in ihn verliebt«, stellte Elisabeth sachkundig fest. »Und nun hast du Bedenken, eine zu nahe Verwandtschaft könnte einer Verbindung im Wege stehen.«

»Genau, Mutter. Also, was weißt du über unsere Verwandtschaftsverhältnisse?«

»Um ehrlich zu sein, darüber weiß ich gar nichts. Darum habe ich mich nie gekümmert.«

Tiefe Enttäuschung zeichnete sich auf dem Gesicht ihrer Jüngsten ab. Deshalb fuhr die Mutter nach kurzem Besinnen fort: »Wart mal. Dein Vater hat sich lebhaft für die Familiengeschichte interessiert. Er hat eine Art Ahnenforschung betrieben und hat auch Aufzeichnungen gemacht. Die müssten noch in dem alten Kofferl sein.«

Sie stieg auf den Dachboden und kam mit einem schäbigen kleinen Koffer zurück, den sie wie eine Trophäe schwenkte. »Darin hat er immer alle wichtigen Schreiben aufgehoben. Ohne jemals darin herum zu suchen, habe ich seinerzeit nur den Kaufvertrag für dieses Haus dazugelegt.«

Mit fliegenden Fingern öffnete Therese den Koffer und machte sich über die vergilbten Blätter her. Wenig später wirkte sie entmutigt, was dem aufmerksamen Blick der Mutter nicht entging: »Was ist los? Was stört dich an den Aufzeichnungen?«

»Schau her, mein Großvater Georg wird hier als Wimmerbauer bezeichnet.«

»Was ist daran so erschreckend?«

»Das fragst du noch? Der Mühlberger-Stefan wird Wimmer-Steff genannt. Das deutet doch auf eine nahe Verwandtschaft hin.«

»Ach Dirndl, lass den Kopf nicht hängen. Du sagst ja, Stefans Vater habe ebenfalls Aufzeichnungen über seine Familie gemacht. Vielleicht stellt sich durch diese heraus, dass du nichts zu befürchten hast.«

»Gebe Gott, dass du recht hast, Mutter«, seufzte die Tochter. Sie verbrachte eine schlimme Woche. Zwischen Bangen und Hoffen wurde sie hin- und hergerissen. Zum Glück hatte sie in dieser Woche viel zu tun. So war sie zeitweise von ihren beunruhigenden Gedanken abgelenkt.

Den Samstag konnte sie kaum erwarten, und doch bangte ihr davor. Zu dem geselligen Treffen nahm sie natürlich die Mappe mit den Aufzeichnungen ihres Vaters mit. Im Dunkeln wäre sie an der Tür des Wirtshauses fast mit Stefan zusammengerumpelt. Der steuerte nämlich ebenso eilig wie sie von der anderen Seite her auf das Vereinslokal zu. Dabei hielt auch er eine Mappe in der Hand. Als hätten sie das so verabredet, setzten sich beide in eine Ecke, abseits vom allgemeinen Geschehen.

»Was habt ihr denn zu tuscheln?«, fragte ein Bursche, der an ihrem Tisch vorbeiging.

»Stör uns nicht, Franz. Wir haben wichtige Sachen zu klären«, wimmelte er den Freund ab. Therese breitete ihre Blätter auf dem Tisch aus, und Stefan legte die seinen daneben. Sorgfältig verglichen sie die Namen und die Daten, die ihre Väter aufgeschrieben hatten. Die Aufzeichnungen zu Stefans Ahnen erstreckten sich über fünf Generationen, die von Therese nur über drei. Auf den ersten Blick ließ sich nichts entdecken, was auf eine nahe Verwandtschaft schließen ließ. Der junge Mann atmete sichtlich auf.

»Da haben wir aber Glück, Therese. Wie es aussieht, sind wir nicht miteinander verwandt, zumindest nicht nah.«

Sie hatte indes noch Zweifel: »Schau mal, bei deinen Vorfahren sind wir bis 1767 zurückgekommen und bei den meinen nur bis 1799. Wer weiß, vielleicht gab es davor ein Brüderpaar mit dem Namen Mühlberger.«

»Und wenn schon«, wusste Steff sie zu beruhigen. »Das wäre eine so entfernte Verwandtschaft, dass sie als Ehehindernis nicht infrage käme.«

Jetzt hellte sich auch Thereses Gesicht auf. Stefan hätte sie am liebsten in die Arme gerissen und abgebusselt. Doch in Anbetracht dessen, dass es viele Personen im Raum gab, die sie beobachten konnten, unterließ er es. Sie mischten sich bald unter die anderen und verbrachten einen vergnügten Abend. Sie verließen die Versammlung jedoch früher als die meisten anderen, weil sie das Bedürfnis hatten, allein zu sein. Auf dem Heimweg holte der junge Mann das Abbusseln ausgiebig nach. Vor ihrer Haustüre angekommen, stellte er fest: »Da einer Heirat nun nichts mehr im Wege steht, frage ich dich hiermit offiziell: Willst du meine Frau werden?«

»Ja, Stefan, ja.« Mehr brachte sie nicht heraus, denn sogleich verschloss er ihr den Mund mit einem leidenschaftlichen Kuss. »Das war unser Verlobungskuss«, konstatierte er, nachdem er wieder genug Atem hatte, um reden zu können. Glückselig verschwand die Frisch-Verlobte im Haus.

Von da an trafen sie sich jeden Samstag und schwelgten in Zukunftsplänen. Doch von einer baldigen Heirat konnte keine Rede sein. Dem jungen Paar stand ein Problem im Wege: Wo sollte es wohnen? Gewiss, Stefan wollte bauen. Aber so schnell ließ sich das nicht verwirklichen. Vorher hieß es weiterhin eisern sparen, denn ohne genug Eigenkapital, bekam er von der Bank keinen Kredit. Bei ihrem geringen Einkommen konnte Therese allerdings nicht viel weglegen. Bis sie also ihren Traum vom eigenen Haus und von einem gemeinsamen Leben verwirklichen konnten, würde es noch eine Weile dauern.

Ihre Sparsamkeit hinderte sie jedoch nicht daran, eifrig an den Veranstaltungen des Trachtenvereins teilzunehmen. Dort lernte Therese nach und nach auch diejenigen von Stefans Geschwistern kennen, die bereits flügge waren. Für den 25. Mai 1924 stand wieder ein Vereinsausflug an, an dem das junge Liebespaar selbstverständlich auch teilnehmen wollte. Es sollte zur Fahnenweihe, verbunden mit einem Preisplattln, in das 25 Kilometer entfernte Übersee gehen.

Wie sich das gehört, mussten alle Teilnehmer in Tracht erscheinen. Die junge Hebamme besaß jedoch noch keine. Geld für ein solches Gewand mochte sie nicht ausgeben, denn eine Tracht war sündhaft teuer. Allein der Hut kostete schon einige 100 Mark. Mutter Elisabeth aber wusste Rat. Von ihrer Großmutter hatte sie ein Trachtengewand geerbt, das gut verwahrt in der hintersten Ecke ihres Kleiderschrankes hing. Auch den passenden Hut hatte sie dazu. Diesen durfte sie aber noch nicht tragen, er war verheirateten Frauen vorbehalten. Geschickt, wie Elisabeth war, hatte sie das historische Kleidungsstück mit ein paar Nadelstichen der Figur ihrer Tochter angepasst.

Stefan hatte keine Kleidersorgen. Er besaß schon seit Jahren eine zünftige Lederhose mit passender Trachtenjacke. Der Wimmerbauer hatte es sich nicht nehmen lassen, für jeden seiner Söhne, sobald er in den Verein eintrat, eigens die erforderlichen Kleidungsstücke anfertigen zu lassen. Um die Tracht zu vervollständigen, hatte er für alle den dazu passenden Hut gekauft mit entsprechend ansehnlichem Gamsbart.

Zu der Fahrt nach Übersee hatten sich beim Vorstand 52 Personen angemeldet. Jeder, der es sich zeitlich erlauben konnte, wollte dabei sein. Schließlich ging es um mehr als nur um einen fröhlichen Ausflug. Monatelang hatte man geprobt und hoffte nun, beim Schuhplattln mit Dirndldrahn gut abzuschneiden.

Die junge Hebamme hatte der Zenta rechtzeitig Bescheid gegeben, dass sie am 25. Mai nicht zu erreichen sei. Sollte ausgerechnet an diesem Tag ein neuer Erdenbürger auf die Welt drängen, müsse sie ihm selbst dabei helfen.

Am Tag des Ausflugs – es war herrliches Wetter – legte Therese frohen Mutes das Trachtengewand ihrer Ur-Großmutter an. Sie drehte sich vor dem Spiegel hin und her und kam sich darin richtig fesch vor. Zu der Zeit gab es im Verein noch keine einheitliche Tracht. Viele zogen das an, was sie noch von ihren Vorfahren im Kleiderschrank fanden. Die meisten hatten es finanziell nicht gerade üppig. Außerdem nannte sich ihr Verein ja Gebirgs-Trachten-Erhaltungs-Verein (GTEV). Also war es recht und billig, dass die historischen Trachten erhalten und geehrt wurden.

Bevor Therese sich von ihrer Mutter verabschiedete, hängte sie sich gewissenhaft ihre Erste-Hilfe-Tasche um. Mit besorgter Miene nahm Elisabeth das wahr, gab aber keinen Kommentar dazu. Im Stillen jedoch dachte sie: Hoffentlich geht alles gut, und die Ausflügler kehren wohlbehalten zurück.

Um 8 Uhr sollte die Reise losgehen. Bei ihrem Eintreffen auf dem Rathausplatz herrschte bereits lautes Treiben. Man ratschte, man lachte, man rief entfernt Stehenden etwas zu. Eine ehemalige Klassenkameradin von Therese erkannte sie wieder, kam auf sie zu und spottete: »Na, willst angeben mit deinem Tascherl?«

Darauf gab die Angesprochene keine Antwort. Schon entdeckte sie Stefan in der Menge und machte durch lautes Rufen auf sich aufmerksam. Kurz darauf fuhr auch schon der Lastwagen des Brauereibesitzers Mayer vor. Wie alljährlich hatte er sein Gefährt nebst Chauffeur dem Trachtenverein kostenlos zur Verfügung gestellt. Als der Fahrer beobachtete, wie sich alle wild auf den Wagen drängen wollten, rief er lautstark in die Menge: »Nur mit der Ruhe, Buam und Madln! Es kommen alle mit. Wir haben Platz für alle.«

Den gab es wirklich. Auf dem Laster, auf dem sonst Bierfässer transportiert wurden, setzten sich die Mannsbilder rundum auf die Begrenzungsplanken. Die Weiberleut standen zwischen ihnen auf der Ladefläche. Sie lehnten sich gegen ihre Ehemänner oder Freunde. Das machte richtig Spaß. Sicherheitsvorschriften gab es noch keine. Was sollte schon passieren?

Therese in ihrer Tracht

Damals fuhren Lastwagen ja höchstens mit zwanzig Sachen. Festhalten konnten die Kavaliere ihre Frauen allerdings nicht. Sie hatten Mühe, sich mit ihren Händen an der Planke festzukrallen, damit sie nicht auf die Straße geschleudert wurden, wenn das Fahrzeug aufgrund der zahlreichen Schlaglöcher seine Hopser machte. Munter singend, obwohl sie kräftig durchgeschüttelt wurde, fuhr die Gruppe glücklich ihrem Ziel entgegen.

Noch glücklicher rumpelten sie am Spätnachmittag nach Hause zurück. Beim Plattln und Dirndldrahn hatten sie nämlich nicht nur gut abgeschnitten, sie hatten sogar den »Meistpreis« gewonnen. Natürlich war das mit der einen oder anderen Maß gefeiert worden.

Wie es dann passierte, konnte nie geklärt werden. Jedenfalls verlor der Fahrer auf Höhe des Maserer-Passes, nur noch vier Kilometer vom heimischen Dorf entfernt, die Herrschaft über den Wagen, der sich auf den Straßengraben zubewegte. Zwei Männer, die auf der rückwärtigen Planke saßen, sahen das Unglück kommen. Buchstäblich in letzter Sekunde sprangen sie ab. Gleich danach überschlug sich der Laster, stürzte in den Graben und landete mit den Rädern nach oben. Die beiden Männer, die abgesprungen waren – einer von ihnen war Stefan – rutschten beherzt die Böschung hinab. Ohne ein überflüssiges Wort zu verlieren, taten sie genau das Richtige. Sie schauten sich nach einem Werkzeug um. Dabei hatten sie Glück im Unglück. Der herabstürzende Lastwagen hatte einen jungen, schlanken Baum »gefällt«. Dieser ließ sich ideal als Hebel einsetzen. Mithilfe eines dicken Steines und des Baumes gelang es ihnen, das Heck des Wagens so weit zu heben, dass die Menschen, die darunter gefangen waren, herauskrabbeln bzw. herausgezogen werden konnten. Die beiden Männer hatten deshalb so zügig gehandelt, weil sie eine große Gefahr für die Eingeschlossenen sahen. Der Wagen war nämlich im Anis-Graben gelandet, der im Mai, der Zeit der Hauptschneeschmelze, reichlich Wasser führte. Von der Vorderseite des Wagens floss das Wasser ungehindert unter das Fahrzeug und staute sich sogleich auf, weil die rückwärtige Planke den Abfluss verhinderte. Die Menschen darunter drohten zu ertrinken.

Eine der ersten, die aus dem Graben kroch, war Therese, zwar pudelnass, aber bis auf einige Schrammen im Gesicht und an den Händen unverletzt. Sie und andere, die man unter dem Fahrzeug herauszog, halfen sogleich mit bei der Bergung weiterer Personen. Manche von ihnen hatten wohl einen Schock erlitten, sie reagierten aber sehr unterschiedlich. Einige setzten oder legten sich ins Gras, andere marschierten, ohne nach rechts oder links zu schauen, los in Richtung Reit im Winkl.

Für vier Personen, eine Frau und drei Männer, kam jede Hilfe zu spät. Sie konnten nur noch tot geborgen werden. Erstaunlicherweise hatten alle anderen keine nennenswerten Verletzungen davongetragen. Niemand schien sich etwas gebrochen zu haben. Alle konnten die Arme bewegen und waren in der Lage, zu gehen. Es gab einige Platzwunden am Kopf, einige Prellungen sowie Schürf- und Kratzwunden an Armen und Beinen, verursacht durch das Geröll und das

Gebüsch. Vor allem die Männerbeine hatte es erwischt, bei denen gab es auch das eine oder andere aufgeschlagene Knie, weil die kurzen Lederhosen nicht genügend Schutz geboten hatten. Nachdem alle unter dem Wagen hervorgezogen worden waren, schaute sich Therese die Verletzungen an, um zu erkennen, wo Hilfe am dringendsten sei. Mit Jod desinfizierte sie so manche Wunde, legte hier einen Verband an und klebte dort ein Pflaster auf. Ihr Verbandsmaterial reichte gerade, bis alle notdürftig versorgt waren.

Als sich alle so weit erholt hatten, dass sie es wagen konnten, gemeinsam ins Dorf zu wandern, hörten und sahen sie einen Pferdewagen heranrumpeln. Die ersten Leute, die davongestürmt waren, hatten wohl im Dorf von dem Unfall berichtet, und die Schreckensnachricht hatte sich wie ein Lauffeuer verbreitet. Einige Beherzte taten daraufhin genau das Richtige. Sie spannten zwei Pferde vor einen Pritschenwagen, holten damit den Arzt und den Ortsfotografen ab und bewegten sich in Richtung Maserer-Pass. Für den Fotografen war das eine einmalige Gelegenheit. Ohne Zögern schoss er ein Foto von dem verunglückten Fahrzeug, zum einen für die Ortschronik, zum anderen für die Zeitung.

Für den Doktor gab es nicht viel zu tun. Er schaute sich die Pflaster und Verbände an, die Therese angelegt hatte, und bemerkte in seiner knappen Art: »Alles richtig gemacht, Dirndl.«

Für die vier Unfallopfer stellte er die Totenscheine aus, dann legte man sie auf den Wagen und fuhr sie ins Dorf. Alle anderen folgten dem traurigen Gefährt zu Fuß.

Am 29. Mai, also vier Tage nach dem tragischen Ereignis, fand unter großer Anteilnahme der Bevölkerung die Beerdigung statt. Jeder, der gesundheitsmäßig dazu in der Lage war, reihte sich in den Trauerzug ein. Da in der Zeitung ein Bericht nebst Foto von diesem Unfall erschienen war, hatten 36 Brudervereine Abordnungen geschickt. Pfarrer Genghammer fand bewegende Worte beim Requiem, sodass kein Taschentuch trocken blieb. Ja, er selbst war von seinen eigenen Worten so ergriffen, dass er seine Ansprache mehrmals unterbrechen musste.

Zwei Jahre nach dem Unglück errichtete man an der Unfallstelle ein Marterl, das bis auf den heutigen Tag von Vereinsmitgliedern gepflegt wird.

Lange Zeit befand sich der Verein noch im Schockzustand, es gab keine Feiern und keinen Tanz. Erst nach einigen Monaten traf man sich wie bisher an jedem Samstag, aber nur zum Reden, um das Erlebte zu verarbeiten. Niemand mehr machte dumme Bemerkungen über Thereses Erste-Hilfe-Tasche. Im Gegenteil, man bewunderte sie im Stillen, weil sie nach dem Unglück so unerschrocken gehandelt hatte. Eine Teilnehmerin des Ausflugs, der so tragisch geendet hatte, äußerte ihr gegenüber das, was andere wahrscheinlich nur dachten: »Ein Glück, Therese, dass du mit deinem Erste-Hilfe-Tascherl dabei warst und gleich so umsichtig reagiert hast.«

Bald nahm das Leben wieder seinen gewohnten Gang. Therese freute sich über jede Entbindung, zu der sie gerufen wurde, und ging gewissenhaft ihrer Arbeit nach. Im Juni 1924 gab es für sie im eigenen Hause etwas zu tun. Ihre Schwägerin Klara brachte

Monika, ihr achtes Kind, zur Welt. Bereits zehn Monate später benötigte Klara schon wieder Thereses Hilfe. Im April 1925 hatte sie eine Frühgeburt. Den kleinen Josef brachte sie jedoch erfreulicherweise durch.

Obwohl die junge Hebamme eigentlich für den geplanten Hausbau jeden Pfennig beiseitelegte, leistete sie sich im Frühjahr 1925 ein Fahrrad. Dieses erleichterte ihr das Leben erheblich. Sie gelangte damit wesentlich schneller und müheloser zu ihren Einsatzorten. Vor allem tat es ihr gute Dienste, wenn sie in einem Nachbarort eine Kollegin vertreten musste. In solchen Fällen rief man von der Poststelle aus beim Reit im Winkler Krankenhaus an und von dort benachrichtigte man Therese.

Im Laufe des folgenden Jahres kam es in einem Haus zu einer Totgeburt. Darüber war die junge Geburtshelferin äußerst unglücklich. Zenta wusste sie aber wieder aufzurichten: »Nimm es nicht gar zu schwer. Es ist nicht dein Fehler. Du hast alles richtig gemacht. Wahrscheinlich hat der liebe Gott das Kind schon so bald wieder zu sich geholt, weil er ihm ein schweres Leben ersparen wollte.«

Diesen Satz würde sie sich bei späteren Totgeburten immer wieder ins Gedächtnis rufen und sich damit selbst Trost zusprechen.

Außer Arbeit gab es aber auch noch etwas anderes in ihrem Leben: Sie freute sich auf jeden Samstag, weil sie dann ihren Schatz wiedersah. Dieser arbeitete nach wie vor die ganze Woche über im Wald. Weiterhin sparten beide eifrig jede Mark, damit sie bald bauen und heiraten konnten. Bei Thereses geringem Verdienst kam allerdings nicht viel zusammen. Wäre sie die Dorfhebamme gewesen, hätte es besser ausgesehen. Aber nicht nur sie sehnte diese Zeit herbei, sondern die Zenta ebenfalls.

»Dirndl, meinst nicht, es wäre an der Zeit zu heiraten?«

»Ja, schon, aber das ist leichter gesagt als getan.«

»Was ist so schwierig? Du bist doch mit dem Wimmer-Steff verbandelt. Der ist ein anständiger Bursche und verdient nicht schlecht. Bei dem wärst du in guten Händen.«

»Freilich, so sehe ich das auch. Wir würden ja lieber heut als morgen heiraten, aber uns fehlt noch die Wohnung. Deshalb müssen wir erst bauen.«

»Wo liegt das Problem? Wie ich gehört habe, hat der Stefan bereits einen Bauplatz.«

»Du weißt aber auch alles! Um aber bauen zu können, brauchen wir Geld von der Bank. Das bekommen wir nur, wenn wir ein gewisses Eigenkapital vorweisen können.«

»O je, das kann freilich noch dauern. Könnt ihr nicht vorher zu deiner Mutter ins Haus ziehen? Seit der Alois aus dem Haus ist, steht doch seine Kammer leer.«

»Ich weiß nicht so recht«, zeigte sich die junge Hebamme zweifelnd.

Doch Zenta leistete weitere Überzeugungsarbeit: »Wie ich deine Mutter kenne, macht sie gewiss mit.«

»Da kannst recht haben. Aber es gibt noch ein Problem. Ich kann den Steff doch nicht einfach bitten, dass er mich Hals über Kopf heiratet.«

»Das lass nur meine Sorge sein.«

Irgendwie schien die alte Geburtshelferin magische Kräfte zu besitzen. Bereits beim nächsten Treffen kam Stefan strahlend auf seine Braut zu: »Sag, Dirndl, wann soll die Hochzeit sein?«

»Wie kommst jetzt so schnell auf diese Idee?«

»Kaum, dass ich vom Wald daheim war, tauchte die Zenta bei uns auf und erklärte mir, die Gemeinde würde dich erst dann als Hebamme anstellen, wenn du selbst Mutter wärst. Warum hast du mir das nicht längst erzählt?«

»Du hättest dann denken können, ich will dich zur Heirat drängen.«

Er nahm sie in die Arme und flüsterte ihr zu: »Von dir lasse ich mich gerne drängen. Packen wir es also an, damit du bald Dorfhebamme wirst.«

Sechs Wochen später heirateten Therese und Stefan mit allem Drum und Dran. Sein Vater ließ es sich nicht nehmen, auch für seinen zweitgeborenen Sohn eine zünftige Bauernhochzeit auszurichten, mit Hochzeitslader, mit Blasmusik und allem, was sonst noch dazugehört.

Am 13. Dezember 1925 marschierte das glückliche Paar zum Standesamt und am Tag darauf zum Altar. Für den Brautstaat hatte das sparsame Paar keinen Pfennig ausgeben müssen. Die Braut trug zu beiden Anlässen die Tracht ihrer Ur-Großmutter, diesmal sogar mit Hut, und der Bräutigam trug seine Trachtenjacke und eine schwarze Tuch-Hose, da es für die Lederhose schlichtweg zu kalt war.

Nach der kirchlichen Trauung feierte man teils beim Unterwirt und teils beim Oberwirt, wie es die Tradition gebot. Dennoch kam den alten Wimmerbauern die Hochzeit nicht allzu teuer zu stehen. Es war üblich, dass jeder Gast ein festgesetztes Mahlgeld in einem Kuvert überreichte, in dem sich zusätzlich ein angemessener Betrag als Hochzeitsgeschenk befand. Letzterer kam den jungen Hochzeitern zugute. Sie würden später die notwendigsten Möbel davon kaufen.

Endlich selbstständige Hebamme

In den frühen Morgenstunden des 25. August 1926 eilte Mutter Elisabeth durch die noch unbelebten Straßen ihres Dorfes. Sie war auf dem Weg zur alten Hebamme. Auf ihr Klopfen öffnete diese erstaunt die Tür: »Was, ist es schon so weit? Ich dachte, Therese hätte noch zwei Wochen Zeit.«

»Seit gut vier Stunden liegt sie in Wehen.«

»Dann ist es wohl das Gescheiteste, wenn ich mich sofort auf den Weg mache.«

Etwa eine halbe Stunde später traf Zenta im Moar-Haus ein. Sie untersuchte die Gebärende und stellte mit zufriedener Miene fest: »Das Kind liegt normal, der Herzschlag ist kräftig und das Becken hat die richtige Weite. Es wird aber noch eine Weile dauern, bis der Muttermund weit genug geöffnet ist.«

»Meinst du, wir haben noch Zeit genug, dass du nach der Josefine schaust, die vorige Woche entbunden hat? Heute wäre der letzte Besuch bei ihr. Wie du siehst, ich bin verhindert«, lächelte die werdende Mutter und verzog gleich darauf schmerzvoll ihr Gesicht, weil eine heftige Wehe im Anrollen war.

»Das lasse ich gerade noch als Entschuldigung gelten«, lachte die alte Geburtshelferin.

»Freilich gehe ich zur Josefine. Bei dir pressiert es wirklich noch nicht. Bis sich bei dir was tut, könnte ich noch leicht drei Wochenbettpflegen machen.«

Zenta war so zeitig zurück, dass sie sich ans Bett der Gebärenden setzen und mit ihr ratschten konnte. Dabei versäumte sie nicht, darauf zu achten, in welchen Abständen die Wehen kamen. Als es ernst wurde, ließ sie sich von Elisabeth heißes und kaltes Wasser bringen. Alles andere hatte diese bereits mustergültig vorbereitet. Wie man einer Hebamme assistiert, hatte sie im Laufe der Jahre bei den Entbindungen ihrer Schwiegertochter geübt.

Um die Mittagszeit tat Thereses Kind den ersten Schrei, einen sehr kräftigen sogar. Zenta stellte fest: »Ein gesundes Dirndl, ein bisschen mager zwar, weil es zu früh gekommen ist, aber sonst ist alles dran. Nun kann ich mich bald zur Ruhe setzen.«

Als die junge Mutter ihre winzige Tochter in Händen hielt, seufzte sie: »Das hätte ich nicht gedacht, dass man bei einer Geburt so leiden muss.«

»Nun verstehst du«, antwortete die erfahrene Frau, »dass junge Mütter zu einer Hebamme mehr Vertrauen haben, die das alles selbst durchgemacht hat. Bei allem hast du noch Glück gehabt. Wie du weißt, liegen manche Frauen viel länger in Wehen. Und wenn sie gar ein kräftiges Kind zur Welt bringen, ist der Durchtritt durch den Geburtskanal noch viel schmerzhafter. Du hattest ausgesprochenes Glück mit deinem ›Leichtgewicht‹.«

Nachdem alle Formalitäten erledigt waren und Zenta ihre Zeit abgesessen hatte, begab sie sich auf direktem Weg zum Rathaus. Dort meldete sie das Kind, wie es ihr die Kindsmutter aufgetragen hatte, auf den Namen Helene an. Dann kündigte sie ihren Dienst und bat darum, ab 1. September möge man

Therese Mühlberger als ihre Nachfolgerin betrachten. Darin sah die Mitarbeiterin kein Problem, denn Thereses Papiere lagen längst vollständig vor. Damit aber auch alle zukünftigen Gebärenden wussten, wen sie zu rufen hatten, wenn bei ihnen die Wehen einsetzten, zog der Mann mit der Gemeindeglocke durch alle Straßen und verkündete die Neuigkeit. Stefan durfte das Schild mit der Aufschrift »Hebamme« neben Zentas Haustür abmontieren und am Moar-Haus anbringen.

Therese freute sich sehr, dass sie bereits einen Monat später, nämlich am 26. September, zu ihrer ersten Entbindung gerufen wurde, die sie als Dorfhebamme machen durfte. Zwar war ihr ein wenig bang, als sie allein am Bett der werdenden Mutter stand und niemand an ihrer Seite war, den sie um Rat fragen konnte. Aber es klappte alles einwandfrei. Zum Glück war es eine Frau, die bereits einige Kinder zur Welt gebracht hatte und genügend Erfahrung mitbrachte.

Als ihr die junge Hebamme einen strammen Buben in den Arm legte, sparte die Mutter nicht mit Lob: »Gut hast du das gemacht. Die Zenta hätte es nicht besser machen können.«

Das erfüllte die junge Geburtshelferin mit Stolz und machte ihr Mut für die nächsten Entbindungen. Wenn sie an das Bett einer Gebärenden gerufen wurde, gab es kein Problem mit Töchterchen Helene. Oma Elisabeth übernahm immer wieder gerne die Rolle der Kindsmagd.

Wenn Therese bei der Erstuntersuchung einer Gebärenden den Eindruck gewann, es könnten Komplikationen auftreten, ließ sie Dr. Heiler rufen. Die beiden arbeiteten sehr gut miteinander, und er äußerte sich oft lobend über sie.

Seit Therese als selbstständige Hebamme arbeitete, stieg auch ihr Einkommen. Dadurch hatten sie und Stefan nicht nur schneller den finanziellen Grundstock beisammen, sodass die Bank bereit war, das Bauvorhaben zu beleihen, die Bank sah auch einen Pluspunkt darin, dass beide Eheleute ein sicheres Einkommen nachweisen konnten.

Anfang 1927 bestellte Stefan bereits das Baumaterial, und im April, als der Schnee weitgehend geschmolzen war, begannen die Ausschachtungsarbeiten. Bald schon erfreute sich Stefan daran, wie der Bau nach und nach in die Höhe wuchs.

Im Juni desselben Jahres entband Therese Schwägerin Klara von ihrem zehnten Kind, das den Namen Theresia erhielt und dessen Patin sie wurde.

An Löhnen brauchte Stefan Mühlberger nicht viel zu zahlen, denn seine Brüder halfen eifrig mit. Einer hatte Maurer gelernt und ein anderer Zimmerer. Ein Freund von Stefan war Elektriker – ein noch ziemlich neuer Berufszweig zur damaligen Zeit – der die entsprechenden Arbeiten ausführte. In Reit im Winkl war man so fortschrittlich, dass es bereits ab 1906 Elektrizität gab. Der Knogler-Bauer, ein findiger Bursche, nutzte zur Stromerzeugung die Wasserkraft des Hausbachfalles. Die erzeugte Strommenge reichte allerdings nicht für das ganze Dorf aus. Das war auch nicht nötig, denn die meisten Einwohner standen dieser Neuerung mit Skepsis gegenüber. Der Erbauer des kleinen E-Werks versorgte zunächst nur sich selbst, zwei Gaststätten, die Kirche und die Schule mit der neuen Energie. Nach dem Krieg aber, als es gelang, die Leistung des privaten E-Werks zu erhöhen, ließen sich immer mehr mutige Dorfbewohner ans Stromnetz anschließen. So war es für das fortschrittlich denkende Ehepaar Mühlberger eine Selbstverständlichkeit, sich in ihrem Neubau Stromleitungen verlegen zu lassen.

Im Sommerhalbjahr herrschte rege Bautätigkeit, die durch den frühen Wintereinbruch, der sich Anfang Oktober mit reichlich Schneefall bemerkbar machte, jedoch nicht beeinträchtigt wurde. Die Außenarbeiten waren so gut wie fertig, sodass man sich bis zum Frühjahr 1928 mit dem Innenausbau befassen konnte.

Stefan hatte seinem Architekten den Auftrag gegeben, das Haus so zu konzipieren, dass es im Erdgeschoss genug Platz bot für eine wachsende Familie, also mit drei Schlafkammern, einer Küche nebst Speisekammer und einer Stube. Es wurde auch gleich ein WC geplant, denn zukunftsorientiert, wie die jungen Eheleute eingestellt waren, ließen sie auch Wasserleitungen verlegen. Dazu benötigten sie jedoch einen Installateur. Auch dies war noch ein junges Handwerk. Im Dachgeschoss sollten vier Gästezimmer entstehen, weil auch Therese und Stefan Mühlberger von dem aufkommenden Fremdenverkehr profitieren wollten.

Im Mai 1928 zog die junge Familie ein, obwohl noch nicht alles fertig war. Aus Geldmangel war die Möblierung anfangs mehr als spärlich. Lediglich die Möbel für ein Doppelschlafzimmer hatte man beim Schreiner anfertigen lassen, und einen Küchenherd hatte man kaufen müssen. Im Übrigen begnügten sie sich mit ausrangierten Möbeln, die sie auf dem

Dachboden des Moar-Hauses und des Wimmer-Anwesens gefunden hatten.

Dennoch waren Therese und Stefan glücklich, endlich in ihren vier eigenen Wänden zu wohnen und Platz genug zu haben.

Die Gästezimmer hatten sie vorerst nicht ausbauen lassen. Das wollten sie nachholen, wenn der Großteil der Schulden abbezahlt war und sie wieder einen neuen Kredit in Anspruch nehmen konnten. Es war aber alles so weit vorbereitet, Wasser- und Elektroleitung waren bereits nach oben verlegt.

Hinter dem Haus gab es genug Grund, auf dem man einen Nutzgarten anlegen konnte. Im Herbst grub Stefan den Boden um, und im folgenden Frühjahr pflanzte er Johannis- und Stachelbeersträucher sowie jeweils einen Apfel-, Birnen- und Zwetschgenbaum. Therese pflanzte und säte alles an Gemüse und Salat, was bei diesem rauen Klima gedeihen konnte, sie setzte sogar Kartoffeln.

Wenn sie beruflich unterwegs war, hatte sie es bisher leichter mit der Unterbringung ihres Kindes gehabt. Sie hatte es einfach bei ihrer Mutter lassen können. Nun aber wohnte sie zu weit von dieser entfernt. Zum Glück erklärte sich die Schwiegermutter bereit, das Kind zu betreuen. Bis zum Elternhaus von Thereses Ehemann waren es nur ein paar Schritte. Die Kleine ging gerne ins Haus der Wimmer-Großmutter, denn dort fand sie in Fridolin, der am 2. Februar 1926 geboren worden war, einen Spielkameraden. Er war der ledige Sohn von Stefans Schwester Leni (Jahrgang 1894), die ihr Leben lang ledig blieb, weil der Kindsvater zu ihrem Leidwesen eine andere heiratete. Im

Winter arbeitete sie als Stallmagd auf dem elterlichen Hof und kümmerte sich selbst um ihren Buben. Im Sommer aber lebte sie auf der Alm mit den Rindern ihres Vaters. Es ist belegt, dass sie 57 Sommer dort oben verbracht hat. Damit ist sie als die Sennerin in die Geschichte Reit im Winkls eingegangen, die am längsten Dienst auf einer Alm getan hat.

Anna, ihre Mutter, betreute die beiden Enkelkinder gerne. Unterstützt wurde sie dabei von ihren ledigen Töchtern Kathi (Jahrgang 1908) und Elisabeth (Jahrgang 1911), die noch im Elternhaus lebten. Bald war die kleine Helene schon so selbstständig, dass sie allein den Weg zum Haus der Großeltern fand. Um mit Fridolin spielen zu können, ging sie auch oft hin, wenn ihre Mutter nicht zu einer Entbindung aus dem Haus war. Ende April 1929 wurde Therese wieder auf den Moar-Hof gerufen. An diesem Tag brachte Klara ihr elftes Kind zur Welt, den Sebastian. Bei dieser Gelegenheit konnte Therese ihr Kind mitnehmen und es ihrer Mutter zur Betreuung übergeben. Beide freuten sich, Oma und Enkelin.

Der 10. Mai 1930 war ein Samstag und sollte für die ganze Familie des Wimmerbauern ein trauriger Tag werden. An diesem Morgen erschien Anna, die sonst immer rege Hausfrau, nicht am Frühstückstisch, den sie mit ihrer Tochter Kathi gemeinsam zu decken pflegte. »Wo bleibt denn die Mutter?«, fragte Kathi den Vater, der normalerweise erst nach seiner Frau erschien.

»Als ich aufstand schlief sie noch«, war seine Antwort.

»Das gefällt mir nicht. Sofort werde ich nach ihr schauen«, äußerte die Tochter in Besorgnis.

»Ach Dirndl, gönn ihr doch noch ein bisschen Schlaf«, versuchte der Vater sie daran zu hindern.

»Nein, nein, lass mich nur, da stimmt was nicht.« Kathi lief nach oben und fand ihre Mutter reglos im Bett vor. Sofort schickte sie Franz Seraph, ihren 15-jährigen Bruder, mit dem Radl zu Dr. Heiler. Dieser versprach, sich gleich auf den Weg zu machen. Während der Bub heimradelte, schwang sich Dr. Heiler wenig später auf sein Motorrad, das er sich bereits 1927 gekauft hatte, um schneller und müheloser bei seinen Patienten sein zu können. Es war das erste Motorrad in ganz Reit im Winkl gewesen. Nicht nur die Kinder, auch die Erwachsenen blieben mit offenem Mund stehen, wenn der Doktor durch die Straßen knatterte.

Er kam gleichzeitig mit dem Buben am Wimmerhof an. Bei der Bäuerin konnte er nur noch den Tod feststellen. Als Todesursache schrieb er Hirnschlag auf den Totenschein. Anna war genau vier Tage nach ihrem sechzigsten Geburtstag gestorben.

Ab sofort führte die 22-jährige Kathi für den Vater und die noch daheim lebenden Geschwister den Haushalt. Nun zahlte es sich aus, dass die Mutter sie rechtzeitig in allem angelernt hatte. Wie selbstverständlich übernahm sie auch die Betreuung von Neffe Fridolin und Nichte Helene, wenn ihre Schwester Leni auf der Alm war. So lief alles zur Zufriedenheit der Großfamilie ab.

Kam Stefan am Samstagabend nach Hause, lief ihm seine Tochter jauchzend entgegen. Er hob sie empor und wirbelte sie einige Male im Kreis herum. Anschließend schloss er seine Frau glücklich in die Arme und bedankte sich dafür, dass sie ihm das Heim so behaglich gemacht hatte. Nach den Aufenthalten in den spärlich ausgestatteten Hütten wusste er sein gemütliches Zuhause jede Woche aufs Neue zu schätzen. Auch genoss er es, dass nach der kargen Verköstigung in den Waldhütten für ihn stets ein aufwendig zubereitetes Mahl auf dem Herd stand.

Anfang 1932 war die Familie finanziell aus dem Gröbsten heraus, sodass sie darangehen konnte, das Dachgeschoss auszubauen bzw. ausbauen zu lassen. Während dieser Zeit, im Mai, wurde Therese noch mal ins Moar-Haus gerufen. Ihre Schwägerin brachte Kind Nummer 12 zur Welt, ein pausbäckiges Mäderl. Die kleine Anna sollte das Schlusslicht der Familie sein.

Bis Ende September waren unter der Dachschräge in Stefans Haus vier gemütliche Fremdenzimmer entstanden. Zusätzlich gab es auf dieser Etage in einem kleinen abgeteilten Raum ein WC mit einem Waschbecken, an dem sich die zukünftigen Gäste würden waschen können. Nach einem Bad suchte man allerdings im ganzen Haus vergeblich. So fortschrittlich war man 1932 nun doch noch nicht. Dass es bereits eine Toilette mit Wasserspülung für die Gäste gab und ein Waschbecken, war schon eine enorme Verbesserung gegenüber anderen Vermietern. In den meisten Fremdenzimmern des Dorfes mussten sich die Gäste mit einer irdenen Waschschüssel begnügen. Die Hausfrau musste täglich in der dazu passenden Kanne Wasser bereitstellen und anschließend das schmutzige Wasser in den Garten oder ins Plumpsklo schütten.

Tagsüber konnten die Urlauber ihre Notdurft dortselbst verrichten. Damit die Gäste aber nicht bei Nacht das stille Örtchen aufsuchen mussten, stand unter jedem Bett ein Nachthaferl. Auch das musste die Vermieterin täglich entleeren, sicher keine angenehme Aufgabe.

Nach dem Ausbau blieb den Mühlbergers im Dachgeschoss noch ein kleiner Raum übrig, den sie als Abstellkammer nutzten. Bevor sie aber mit den Gästezimmern Einnahmen erzielen konnten, mussten die Zimmer möbliert werden. Das würde zusätzlich einen Batzen Geld verschlingen. Bis zum Frühjahr wollte man das geschafft haben, dann konnten die ersten Sommerfrischler anreisen. Im Winter gab es so gut wie keine Gäste in der Gemeinde, denn Winterurlaub hatten die meisten Menschen noch nicht für sich entdeckt.

Zu dem geplanten Vermieten kam Therese aber nicht mehr. Seit Ende August zeigte sie ein auffälliges Verhalten. Ihr Ehemann bemerkte es nicht sogleich, weil er die ganze Woche außer Haus war. Seine kleine Tochter aber beobachtete es. Am Wochenende erzählte sie ihm immer wieder kleine »Anekdoten« von der Mutter. Mal berichtete Helene: »Stell dir vor, Papa, gestern Abend hat die Mama mich gewaschen, bevor sie mir das Nachtgewand anzog. Und kurz danach wollte sie mich schon wieder waschen.«

Der Vater lachte: »Ein bisserl mehr Wasser schadet doch nicht.«

Beim nächsten Mal berichtete das Kind: »Heute Morgen habe ich mein Frühstück gegessen und kurz danach sollte ich schon wieder frühstücken.«

»Und? Hat dir das geschadet?«, fragte der Vater belustigt.

»Ich habe nichts mehr gegessen. Mein Baucherl war voll.«

Am Wochenende danach gab die Kleine folgende Geschichte zum Besten: »Jetzt ist die Mama ganz narrisch word'n. Vor ein paar Tagen wollte sie mir mein Kleiderl über das Nachtgewand anziehen. Seitdem ziehe ich mich lieber allein an.«

»Das ist brav«, lobte der Vater. »Bist ja schon ein großes Dirndl und kannst dich leicht selbst anziehen.«

Klein-Helene wusste aber noch mehr zu berichten: »Die Mama sucht dauernd irgendwas. Sie weiß nie, wo sie die Sachen hingelegt hat.«

Diesen Berichten maß Stefan ebenfalls keine Bedeutung bei. Falls er sich überhaupt etwas dabei dachte, dann höchstens, das Kind wolle sich wichtigmachen. Während die kleine Helene Mutters »Schandtaten« aufzählte, saß Therese dabei und lächelte nur still vor sich hin.

Doch schon eine Woche später waren selbst für den Ehemann die Veränderungen an seiner Frau nicht mehr zu übersehen. »Was ist los mit dir? Sollen wir die Suppe mit der Gabel essen?«

Verschämt räumte Therese die Gabeln weg und starrte in die Schublade. Als dies der Tochter zu lange dauerte, sprang sie hinzu und holte selbst die Löffel.

Nach dem Essen, Therese hatte das Geschirr gerade gespült und abgetrocknet, goss sie wieder heißes Wasser in die Schüssel und wollte das Geschirr erneut hineingeben. Stefan konnte sie gerade noch daran hindern: »Was soll das, Therese? Du hast das Geschirr doch schon gespült.« Darauf sah sie ihn nur treuherzig an und wusste keine Antwort.

Ihre nächste Entbindung hatte sie am 4. Oktober 1932. Sie hatte Dr. Heiler hinzugezogen, weil sie Komplikationen befürchtete. Ihm fiel ihr fahriges Wesen auf.

»Therese, was ist los mit dir? Nimm dich doch zusammen!« Auch ihn schaute sie nur lächelnd an.

Zwei Tage später, am 6. Oktober, musste Therese nach Traunstein, wo sie überprüft wurde, wie das für Hebammen alljährlich vorgeschrieben war. Bei dieser Prüfung versagte sie kläglich, während sie in allen vorangegangenen Jahren immer mit gut bis sehr gut abgeschnitten hatte. In großer Besorgnis gab ihr der Leiter der Prüfungskommission, ein Arzt, einen Brief für Dr. Heiler mit, den sie diesem am folgenden Tag, einem Freitag, gewissenhaft überreichte. Darin stand, er solle dafür Sorge tragen, dass Therese Mühlberger sofort außer Dienst gestellt werde. Bei der Prüfung habe sie ein so auffälliges Fehlverhalten gezeigt, dass man bei einer Entbindung, die sie vornehme, um das Leben von Mutter und Kind fürchten müsse.

Am Samstagabend fuhr der Arzt, sobald er Stefan zu Hause wähnte, mit seinem Motorrad an dessen Haus vor, um mit ihm ein ernstes Wort zu reden. Zunächst legte er ihm das amtliche Schreiben vor.

»Um Gottes willen!«, rief Stefan bestürzt aus. »Steht es wirklich so schlimm um meine Frau?«

»Leider ja«, bestätigte der Mediziner. »Gestern, als sie mir das Schreiben übergab, war ich über ihr

Aussehen erschrocken, weil sie so abgemagert war. Zwei Tage zuvor war es bei Weitem noch nicht so gravierend gewesen. Da hatte sie zwar auch schon einen fahrigen Eindruck auf mich gemacht, aber gestern – entschuldige bitte den Ausdruck – machte sie geradezu einen schwachsinnigen Eindruck. Sofort führte ich alle mir zu Gebote stehenden Untersuchungen durch: Puls und Blutdruck messen, Herz und Lunge abhorchen, in Mund, Augen, Nase und Ohren schauen. Mit meinem Hämmerchen klopfte ich ihr aufs Knie, um die Reflexe zu überprüfen. Ein organisches Leiden konnte ich nicht feststellen. Nun bin ich, ehrlich gesagt, mit meinem Latein am Ende.«

»Ja, und was soll jetzt werden?«, nutzte Stefan die Sprechpause des Arztes.

»Meines Erachtens ist sie ein Fall für den Neurologen. Dazu musst du mit ihr nach Traunstein, ich gebe dir eine Überweisung mit. Du solltest deine Frau dort so bald wie möglich vorstellen. Meine Hoffnung ist nicht sehr groß, dass er ihr helfen kann. Wir wollen aber nichts unversucht lassen. Davon abgesehen gebe ich dir den guten Rat: Bei der ›Berufsgenossenschaft für Gesundheitsdienst und Wohlfahrtspflege‹ solltest du im Namen deiner Frau umgehend einen Antrag auf Berufsunfähigkeitsrente stellen, damit wenigstens der finanzielle Schaden gemildert wird.«

Bittend sah Stefan den Mediziner an: »Herr Doktor, ich habe keine Ahnung, wie man ein solches Schreiben aufsetzt. Sie wissen doch, ich bin Holzknecht. Mit dem schriftlichen Kram habe ich es nicht so.«

Nachsichtig lächelnd bat der Arzt um Papier, Federhalter und Tinte. Dann setzte er für Stefan das

Schreiben auf. Dieser brauchte es nur noch zu unterschreiben. Am Montagmorgen, auf dem Weg zur Arbeit, warf er es in den Briefkasten.

Als er am Samstag darauf nach Hause kam, entdeckte er, dass die schmutzige Wäsche, die er am vorigen Wochenende mitgebracht hatte, noch nicht gewaschen war. Das veranlasste ihn, sich genauer in der Wohnung umzuschauen. Sie sah aus, als sei sie seit Wochen nicht mehr geputzt worden. »Was tust du eigentlich den ganzen Tag?«, fragte er in gereiztem Ton. »Jetzt, wo du nicht mehr zu Entbindungen musst, hast du doch Zeit genug, um das Haus in Ordnung zu halten.«

Sie blickte ihn nur mit einem abwesenden Lächeln an, sodass er den Eindruck gewann, seine Worte würden nicht bis in ihr Gehirn vordringen. Seine kleine Tochter lieferte ihm in etwa eine Erklärung: »Die Mama bleibt meist bis Mittag im Bett liegen. Deshalb gibt es auch kein Frühstück und zu Mittag kocht sie nur Kartoffeln. Sie geht auch nicht mehr zum Einkaufen. Deshalb waren in der Speisekammer Brot und Butter ausgegangen. Weil ich so argen Hunger hatte, bin ich zu Tante Kathi gegangen und habe mir ein Butterbrot erbettelt.«

Kurz nachdem Helene ihrem Vater diesen Bericht gegeben hatte, erschien Kathi persönlich im Haus ihres Bruders. Sie bestätigte, dass die Kleine mehrmals hungrig zu ihr gekommen sei und fügte hinzu: »Sei mir nicht böse, Steff, aber es muss mal gesagt werden. Da du die ganze Woche weg bist, kannst du ja nicht wissen, wie es in deinem Hause zugeht. Ich weiß nicht, was mit deiner Frau los ist, aber so geht das nicht weiter. Dass sie schon seit längerer Zeit nicht mehr putzt und wäscht, mag schlimm sein. Noch schlimmer aber ist, dass sie sich überhaupt nicht mehr um das Kind kümmert.«

Stefan dankte seiner Schwester dafür, dass sie ihm die Augen geöffnet hatte. Noch zur selben Stunde begab er sich mit Frau und Kind zu seiner Schwiegermutter. Sie war entsetzt, als sie Stefans Bericht vernahm. Sie war zwar nicht auf drei zusätzliche Esser zum Nachtmahl eingestellt; in ihrer Speis fand sie aber genug, um alle satt zu kriegen.

Fürs Frühstück am folgenden Morgen gab sie dem Schwiegersohn Brot und Butter mit und versprach ihm, nach der Frühmesse werde sie für ein paar Tage zu ihm ziehen und sich um alles kümmern.

Anderntags gegen 9 Uhr erschien sie tatsächlich, mit einem Korb am Arm, in dem ein Dutzend Eier lagen. So war wenigstens das Mittagessen gesichert, denn in der Speisekammer herrschte tatsächlich gähnende Leere. Im Keller fand Elisabeth allerdings reichlich Kartoffeln. Die hatte Therese wohl im September geerntet, als sie noch in besserer Verfassung gewesen war. Auf einem Kellerregal fanden sich zahlreiche Gläser mit Marmelade. Demnach hatte Therese im Sommer noch aus den Beeren des Gartens und des Waldes Marmelade gekocht.

Zu Mittag setzte Elisabeth einen großen Topf Kartoffeln auf, sodass sie für zwei Mahlzeiten reichten. Mittags gab es dazu Spiegelei und am Abend Rührei. Alle langten eifrig zu, sogar Therese.

Bevor Elisabeth am folgenden Morgen zum Einkaufen ging, machte sie Feuer unterm Waschkessel.

Nach ihrer Rückkehr wollte sie waschen. Es war nämlich nicht nur die Wäsche ihres Schwiegersohnes ungewaschen, sondern auch die von Therese und dem Kind. Als Mutter Elisabeth sich am Waschfass plagte, schaute ihre Tochter nur staunend zu.

Am Dienstag machte sich die alte Frau daran, die völlig verwahrloste Wohnung zu putzen. Mit ihren 79 Jahren fiel ihr das nicht gerade leicht. Therese folgte ihr auf Schritt und Tritt, wie das ein Kleinkind zu tun pflegt, mal mit einem leichten Lächeln, mal mit starrem Gesichtsausdruck. Helene hatte sich schon am frühen Morgen zu ihrem Cousin Fridolin abgesetzt.

Auch in den folgenden Tagen fand Elisabeth genug Arbeit im Haus. Sie putzte alle Fenster, sie bügelte, sie stopfte Strümpfe und flickte Wäsche. Seit Wochen (oder waren es gar Monate?) war alles liegen geblieben.

Bei seiner Heimkehr nach einer Woche staunte Stefan nicht schlecht. Die Wohnung war kaum wiederzuerkennen. So schön hatte er sie schon lange nicht mehr gesehen. Eingedenk der Worte von Dr. Heiler, die Stefan ihr mitgeteilt hatte, und der Überweisung, die ihm dieser mitgegeben hatte, bearbeitete Elisabeth ihren Schwiegersohn, er möge endlich mit Therese nach Traunstein zum Nervenarzt fahren. Ihr Zustand hatte sich im Laufe der Woche nicht gebessert, wie sie insgeheim gehofft hatte, er hatte sich merklich verschlechtert.

Stefan gelang es aber, seine Schwiegermutter zu überreden, selbst diese Fahrt mit ihrer Tochter zu unternehmen. Nicht nur, weil er den Eindruck hatte, dass seiner Frau die Nähe ihrer Mutter guttue, sondern auch, weil es für ihn problematisch gewesen wäre, kurzfristig einen Tag freizukriegen.

Warum Elisabeth mit dieser Reise dann doch noch so lange gezögert hat, konnte ich nicht herausfinden. Vielleicht hatte sie die irreale Hoffnung, der Zustand ihrer Tochter würde sich doch noch von selbst bessern. Stattdessen wurde es immer schlimmer, sodass sie sich am 30. November endlich mit ihr auf den Weg nach Traunstein begab.

Jetzt hätte sie endlich die Gelegenheit gehabt, mit der sogenannten Waldbahn zu fahren, was sie sich immer gewünscht hatte. Doch diese Eisenbahnverbindung von Reit im Winkl über Ruhpolding nach Traunstein war ein Jahr zuvor nach nur achtjähriger Laufzeit eingestellt worden. Sie hatte sich als unrentabel erwiesen. Damit das Bergdorf danach nicht ganz von aller Welt abgeschnitten war, hatte die Deutsche Reichspost ab 1931 eine Omnibuslinie zwischen Reit im Winkl und Marquartstein eingerichtet. Also fuhren Mutter und Tochter mit dem Bus, und ab Marquartstein dann mit der Reichsbahn weiter nach Traunstein.

In der Praxis des Neurologen reihten sie sich zwischen die vielen Patienten im Wartezimmer ein. Elisabeth musste viel Geduld aufbringen, bis sie endlich aufgerufen wurden. Sie überreichte dem Arzt das Kuvert mit der Überweisung. Er studierte sie aufmerksam und richtete dann einige Fragen an die Mutter. Anschließend befragte er die Tochter. Selbst auf so manche einfache Frage blieb sie ihm die Antwort schuldig. Ihr Geburtsdatum konnte sie gerade noch angeben, aber sie wusste nicht, wie alt sie war. Sie vermochte weder das aktuelle Datum zu nennen noch den Wochentag. Einfache Rechenaufgaben im Zahlenraum bis zwanzig konnte sie noch lösen, sobald es aber etwas schwieriger wurde, versagte sie.

»Das verstehe ich nicht«, warf die Mutter ein. »In der Schule war sie im Rechnen immer gut.«

»Das glaube ich Ihnen gern«, versicherte der Nervenarzt. »Aber Ihre Tochter scheint unter einer hochgradigen Gehirnschädigung zu leiden, das erkenne ich an diesen Ausfällen. Was dahinter steckt, können wir vermutlich erst durch eine Blutuntersuchung erfahren.«

Durch seine Sprechstundenhilfe ließ er der Patientin mehrere Röhrchen Blut abnehmen. In einem anderen Raum machte eine weitere Helferin bei Therese ein EKG und ein EEG. Der Doktor entließ Elisabeth mit der Aussage, er werde dem Hausarzt eine schriftliche Benachrichtigung zukommen lassen, sobald er EKG und EEG ausgewertet habe und die Labor-Ergebnisse vorlägen.

Als Dr. Heiler dann den Bericht des Nervenarztes in Händen hielt, erschien er erneut an einem Samstagabend bei Stefan und legte ihm das Schreiben vor. Darin fanden sich Ausdrücke wie: Wassermann positiv, Sachs-Georgi positiv, Tabes und Paralyse 3. Mit diesen Begriffen wussten Stefan und seine Schwiegermutter absolut nichts anzufangen. Der einzige Satz, den sie auf Anhieb begriffen, fand sich am Ende des Schreibens: »Eine Heilungsmöglichkeit für die Patientin scheint mir sehr fraglich.«

Auf Stefans Bitte hin versuchte der Arzt, ihm die medizinischen Fachausdrücke zu erklären. Bei den beiden ersten Begriffen handele es sich um Testverfahren, aus denen sich Krankheiten ablesen ließen, in diesem Fall glaube man zu erkennen, dass die Patientin an Syphilis leide, erklärte er.

»An Syphilis? Das ist ja entsetzlich!«, rief Stefan aus.

»Das stimmt«, bestätigte der Mediziner. »Weil es sich bei Syphilis um eine ansteckende Krankheit handelt, wenn es auch noch nicht eindeutig erwiesen ist, dass Therese daran leidet, sollten wir vorsichtshalber dich und dein Kind umgehend daraufhin untersuchen.«

Sogleich nahm er von Vater und Tochter jeweils ein Röhrchen Blut ab, um es zur Untersuchung an ein Labor zu senden.

Stefan beschäftigten aber noch eine weitere Frage: »Was bedeutet Tabes?«

»Das ist nichts anderes als die veraltete Form von Tuberkulose, die man im Volksmund Schwindsucht nennt. Der Herr Kollege hat wohl den Verdacht auf Schwindsucht, weil Therese so stark abgemagert ist. Daran glaube ich weniger. Meines Erachtens ist deine Frau deshalb in solch schlechtem körperlichen Zustand, weil sie seit längerer Zeit zu wenig isst.«

Diese Vermutung konnte Stefan aufgrund der Aussagen seiner Tochter nur bestätigen.

»Und was ist mit Paralyse 3?«, wollte Elisabeth wissen.

»Damit bezeichnet man eine fortschreitende Gehirnerweichung. Das ist eine unheilbare Krankheit. Therese wird, wie ich bereits befürchtet habe, nicht mehr in ihren Beruf zurückkehren können. Gut, dass wir den Antrag auf Berufsunfähigkeitsrente bereits gestellt haben. Bis dem aber stattgegeben wird, das kann dauern.«

Diese Aussage machte den jungen Familienvater niedergeschlagen, zum einen, weil Thereses Einkommen wegfallen würde, zum anderen, weil sie damit ihren Status verlor. Er war immer ein wenig stolz darauf gewesen, dass er nicht eine einfache Bauernmagd zur Frau bekommen hatte, sondern eine Frau mit einem so angesehenen Beruf.

Nun wollte er wissen: »Woher kommt denn so was, Gehirnerweichung?«

»Das ist eben das Problem. Der Neurologe ist sich selbst nicht sicher. Er meint, um das zu ergründen, müssten weitere Untersuchungen durchgeführt werden. Zunächst aber muss Therese zum Bezirksarzt, damit dieser die endgültige Berufsunfähigkeit feststellt.«

Nach einigen Tagen konnte Dr. Heiler Thereses Ehemann die erfreuliche Mitteilung machen, dass sowohl bei ihm als auch bei seiner Tochter das Testergebnis negativ ausgefallen war.

Nun blieb nur noch das Problem, dass Therese zum Bezirksarzt musste. Stefan wollte seiner Schwiegermutter keine weitere Fahrt mit der kranken Tochter zumuten. Also nahm er sich schweren Herzens einen Tag frei und fuhr selbst mit seiner Frau zum Bezirksarzt, in der Hoffnung, dass vielleicht doch noch etwas zu retten wäre.

Dem Bezirksarzt lag bereits der Bericht des Neurologen vor. Nach nur kurzer Untersuchung bescheinigte er die Berufsunfähigkeit und meinte, Therese werde nie wieder so werden wie zuvor. Daher war ihr

Ehemann bei seiner Heimkehr noch niedergeschlagener als bei seiner Abfahrt. Wie es schien, würde seine Frau auch nie wieder in der Lage sein, ihren Haushalt zu machen. Seiner Schwiegermutter konnte er nicht zumuten, auf Dauer zu bleiben. Sie wurde ja nicht jünger, und er sah selbst, dass es ihr zusehends schwerer fiel, die Hausarbeiten zu erledigen. Vor allem aber bemerkte er, dass es Elisabeth sehr belastete, ihre nervenkranke Tochter zu versorgen. Es musste sich also etwas ändern.

Wichtig war, dass er jeden Abend nach Hause kam, um sich um das Haus und um Helene zu kümmern. Deshalb entschloss er sich, seine Arbeitsstelle zu wechseln. Seine einträgliche Anstellung beim Staatsforst kündigte er aber erst, als er im Dorf eine Stelle als Lagerarbeiter gefunden hatte. Dort verdiente er zwar nicht so viel, dafür war die Arbeit aber weniger anstrengend und weniger gefährlich. Vor allem kam er jeden Abend heim. Dann kochte er so reichlich, dass es auch noch für den nächsten Mittag reichte. Helene brauchte dann das Essen für sich und die Mutter nur aufzuwärmen. Das Mutter-Kind-Verhältnis hatte sich umgekehrt – die Kleine betreute nun ihre Mutter. Das war keine leichte Aufgabe für eine Sechsjährige.

Wie sein Hausarzt ihm vorausgesagt hatte, bekam Stefan von der Rentenversicherung vorerst keinen Pfennig. Die Raten an die Bank mussten aber pünktlich bezahlt werden, und leben musste die Familie auch noch. Dazu reichte sein Einkommen als Lagerarbeiter nicht aus. Um die ärgste Not abzuwenden, nahm Stefan daher schon bald eine Zusatzbeschäftigung an: Er wurde Zählerableser. Das bedeutete, dass er am Monatsende in jedes Haus musste, das bereits Elektrizität hatte, um den Stromzähler abzulesen. Reich wurde er davon auch nicht, er kam geradeso über die Runden.

Als ihm der Postbote nach einigen Wochen endlich das erwartete Schreiben von der Rentenkasse brachte, atmete er auf. Doch er hatte sich zu früh gefreut. Von Geld war darin nicht die Rede. Man bat ihn lediglich um Mitteilung, seit wann sich die Erkrankung seiner Frau bemerkbar gemacht habe und auf welche Weise sie sich äußere. Dann erst habe man einen Anhaltspunkt, an welcher Krankheit seine Frau tatsächlich leide. Zur endgültigen Diagnostizierung müsste sie nach München in die Psychiatrische Klinik in der Nussbaumstraße 7.

Das sah Stefan ein. Aber wie sollte seine Frau dort hinkommen? Er wollte sie nicht selbst begleiten, denn womöglich würde das bedeuten, dass er mehrere Tage von zu Hause weg sein müsse. Er wollte sein Kind nicht so lange allein lassen, und er konnte sich auch keinen Verdienstausfall leisten. Thereses Mutter, mittlerweile achtzig Jahre alt, traute sich nicht mehr zu, ihre Tochter nach München zu bringen. Also schob man den Vorstellungstermin in der Psychiatrischen Klinik immer weiter hinaus. Anscheinend verlor die Klinik die Geduld oder die Rentenkasse verlor diese, denn plötzlich, am 29. März 1933, stand eine Schwester des Reit im Winkler Krankenhauses vor Mühlbergers Tür. Sie habe den Auftrag, Therese nach München zu bringen. Darüber war Stefan mehr als überrascht. Dennoch packte er in aller Eile für seine Frau notdürftig eine Reisetasche. Bereits am folgenden Morgen holte die Krankenschwester die Patientin ab und begleitete sie in die Psychiatrische Klinik.

Nachdem Therese Mühlberger behördlicherseits außer Dienst gestellt worden war, hatte Reit im Winkl keine Hebamme mehr. Die nächste Entbindung im Dorf übernahm am 2. November 1932 eine Schwester vom Dritten Orden aus dem Reit im Winkler Krankenhaus. Vor ihrem Eintritt ins Kloster hatte sie eine Ausbildung zur Hebamme gemacht. Bis das Dorf wieder eine eigene Hebamme haben würde, sollten fast zwei Jahre vergehen. In dieser Zeit wurde Geburtshilfe von verschiedenen Seiten geleistet. Im Taufbuch sind verzeichnet eine Frau Bauer aus München, eine Hebamme aus Tirol, die Hebamme aus Raiten, Dr. Heiler und immer wieder mal die Schwester vom Dritten Orden. Der Name der ehemaligen Hebamme, die Thereses Lehrmeisterin gewesen war, erscheint indessen nicht. Ob sie inzwischen zu gebrechlich geworden oder bereits verstorben war, konnte ich nicht in Erfahrung bringen. Erst als Anna Lehrberger aus dem Ortsteil Entfelden am 5. August 1934 ihren Dienst aufnahm, hatte Reit im Winkl wieder eine eigene Hebamme.

Krankenhausaufenthalte

Nach ihrer Ankunft in der Nervenklinik wurde Therese in einem Zimmer mit mehreren Patientinnen untergebracht. Bereits am folgenden Tag begannen die Untersuchungen, von denen sie viele über sich ergehen lassen musste. Am 4. April wurde sie entlassen und von einer Krankenschwester dieser Klinik heimbegleitet.

Am 5. April 1933 schrieb man von der Psychiatrischen Klinik einen Brief an den Bezirksarzt, in dem mitgeteilt wird, dass bei Therese eine erheblich fortgeschrittene Taboparalyse mit weitgehendem psychischem Abbau diagnostiziert worden sei und man dringend eine Malaria-Fieberbehandlung anrate.

Am selben Tag ging von der Klinik ein Schreiben auch an die Berufsgenossenschaft für Gesundheitsdienst und Wohlfahrtspflege. In diesem neunseitigen Bericht wurde Thereses körperliche und geistige Verfassung genau beschrieben. Die abschließende Diagnose lautete: Syphilis, auch Lues genannt. Dieser Befund ging gleichzeitig an Stefan und Dr. Heiler, womit der Anfangsverdacht bestätigt wurde.

Gleichzeitig erbat sich die Versicherung vom Hausarzt einen ausführlichen Bericht über Therese. Unter anderem wollte man von ihm wissen, wie er ihren Gesundheitszustand, ihre psychische Verfassung und ihren Lebenswandel in den letzten Jahren beurteile. Da es sich bei Lues um eine Geschlechtskrankheit handele, liege der Verdacht auf einen liederlichen Lebenswandel nahe.

Der Mediziner antwortete umgehend:

Fast zehn Jahre habe ich mit Frau Mühlberger zusammengearbeitet. In dieser Zeit war sie sowohl psychisch als auch körperlich gesund und unauffällig und im Dienst äußerst zuverlässig. Auch hat sie immer sehr solide gelebt. Daher besteht nicht die geringste Veranlassung zu der Annahme, ihre Erkrankung sei die Folge eines unsoliden Lebenswandels.

Meines Erachtens hat sich Frau Mühlberger diese Krankheit in Ausübung ihres Berufes zugezogen. Für sie war die Möglichkeit, sich zu infizieren, vor allem bei solchen Geburten gegeben gewesen, bei denen von einer luischen Erkrankung der Wöchnerin nichts bekannt war. Sie muss sich noch nicht mal im eigenen Dorf infiziert haben, sie hat auch vertretungsweise Geburtshilfe in Nachbarorten geleistet.

Wie ich durch Nachfragen bei einigen Patientinnen erfahren konnte, hat Frau Mühlberger bei den Entbindungen nicht immer die vorgeschriebenen Schutzhandschuhe getragen. Ob sie aus Sparsamkeit, ob aus Nachlässigkeit oder weil es sehr pressierte auf die Handschuhe verzichtet hat, ist im Nachhinein nicht mehr zu klären.

Diesem Brief folgte ein reger Schriftwechsel zwischen der Berufsgenossenschaft, dem Bezirksarzt, der Psychiatrischen Klinik und dem Ehemann der Patientin, beziehungsweise ihrem Hausarzt. Nach einiger Zeit erkannte die Berufsgenossenschaft zwar an, dass sich

Therese in Ausübung ihres Hebammenberufes infiziert hatte, doch nun stritt sie um den Zeitpunkt, wann sie sich die Krankheit zugezogen haben könnte.

Auf die konkrete Nachfrage der Versicherung, wann sich Therese angesteckt haben könnte, schrieb der Bezirksarzt: »Ein Nachweis hierfür wird schwer zu erbringen sein, denn Syphilis ist bei den Frauen unserer Gegend keine ganz seltene Erscheinung.«

Auf eine erneute Anfrage der Berufsgenossenschaft hin führte er an, dass die Hebamme um den 1. Juli 1928 herum mehrere luetische oder auf Lues verdächtigte Frauen entbunden hatte. Er hielt es aber für höchst unwahrscheinlich, dass Therese schon vorher erkrankt war, da sie im August ein gesundes Kind geboren hatte und der Ehemann sowie das Baby negativ auf Lues getestet worden waren.

Nachdem die Diagnose Lues feststand und es als gesichert galt, dass sich Therese in Ausübung ihres Berufes infiziert hatte, dachte die Versicherung noch in keiner Weise daran, dem Ehemann eine Rente zu zahlen. Dabei hätte er zu diesem Zeitpunkt eine zusätzliche Einnahme, selbst eine kleine, dringend gebraucht. Die Schulden, die er zum Ausbau des Dachgeschosses aufgenommen hatte, mussten ja zurückgezahlt werden, und bei der Aufnahme des Kredits hatte er den Verdienst seiner Frau fest eingeplant.

Die Versicherung verfolgte nun eine neue Taktik. Man veranlasste den Bezirksarzt, dem Ehemann einzureden, dass durchaus noch eine Chance auf Heilung bei seiner Frau bestünde. Bevor man also an Rente denke, wolle man nichts unversucht lassen. Die

Frau müsse unbedingt so bald wie möglich wieder in die Psychiatrische Klinik zu einer entsprechenden Therapie.

In diesem Zusammenhang möchte ich erwähnen, dass man bereits seit Jahrhunderten versucht hatte, ein Mittel zu finden, mit dem man Syphilis heilen könne. Doch bis zum Beginn des 20. Jahrhunderts hatte man noch immer kein wirksames Medikament zur Verfügung. Erst im März 1910 stellte Professor Dr. Paul Ehrlich (1854–1915) ein Medikament vor, dem er den Namen Salvarsan gab. Dieses war Erfolg versprechend, zeigte jedoch starke Nebenwirkungen. Nach Paul Ehrlichs Tod wurde von vielen Ärzten weitergeforscht. Aber selbst zu Beginn der 1930er Jahre lag noch nichts Brauchbares vor. Deshalb experimentierte man weiterhin mit allen möglichen Verfahren herum, wobei man an Lues erkrankte Menschen offensichtlich als »Versuchskaninchen« benutzte.

Zu dem Zeitpunkt, da man Stefan dazu überredet hatte, seine Frau wieder in die Klinik zu geben, steckten die Behandlungsmöglichkeiten noch in den Kinderschuhen. Aus dem Schriftwechsel ist zu erkennen, dass man deshalb so interessiert daran gewesen war, die Patientin erneut in die Klinik aufzunehmen, weil man an ihr Versuche durchführen wollte. Der Ehemann wusste dies freilich nicht, machte sich aber dennoch die Entscheidung nicht leicht, ob er seine Frau erneut in die Klinik geben sollte. Tagelang ging er mit sich zu Rate. Er beriet sich auch mit Elisabeth, genannt Elise, der ältesten Schwester seiner Frau, und mit einigen seiner eigenen Schwestern. Die einen rieten ihm davon ab, die anderen sprachen ihm zu. Die Entscheidung musste er aber letztendlich allein treffen. Am 28. April ist sie ihm gewissermaßen abgenommen worden, indem man ihm erneut eine Schwester vom Krankenhaus schickte, die Therese nach München brachte.

Dass die Klinik daran interessiert war, Personen zu Versuchszwecken aufzunehmen, ist auch aus dem Schreiben vom 5. Mai 1933, das von der Klinik an Dr. Heiler geschickt wurde, zwischen den Zeilen zu erkennen.

Sehr geehrter Herr Kollege!
Ihre Patientin Therese Mühlberger wurde uns vom Bezirksarzt von Traunstein am 28. April 1933 zur Malariakur überwiesen. Wir können aber eine derartige Kur ohne schriftliches Einverständnis des Ehemannes nicht durchführen. Daher möchten wir Sie höflichst ersuchen, auf den Ehemann der Patientin einzuwirken und ihn zu einer schriftlichen Einwilligung in die Kur veranlassen zu wollen.

Wir wären Ihnen sehr zu Dank verbunden, wenn Sie den Herrn Mühlberger möglichst bald zu einer derartigen Erklärung veranlassen könnten, damit wir bei dem fortgeschrittenen Leiden der Patientin nicht unnötig Zeit verlieren.

Daraufhin sandte Dr. Heiler ein mit Maschine geschriebenes Blatt an die Klinikleitung, auf dem sich Stefan durch seine Unterschrift mit der Durchführung der Malaria-Kur einverstanden erklärte.

Statt es bei Therese mit einer Salvarsankur zu versuchen, wie das damals üblich war, unterzog man sie zuerst einer »Malaria-Fieber-Therapie«. Das heißt, obwohl Therese ohnedies schon schwer krank war, wurde sie vorsätzlich und zusätzlich mit einer Krankheit infiziert, die unheilbar war.

Noch bevor man Stefan dazu gedrängt hatte, diese Einverständniserklärung zu unterschreiben, war sein Töchterchen Helene eingeschult worden. Im Jahr zuvor, im Februar oder im März, hatte sich Therese mit ihrer Schwägerin Leni, der Mutter von Fridolin, über die Einschulung ihrer Kinder unterhalten. Üblicherweise war der Termin für die Einschulung der 1. Mai, Helene aber wurde erst am 25. August sechs Jahre alt. Da sie noch recht zart war, wollte ihr die Mutter den Schulweg, vor allem im Hinblick auf den Winter, noch nicht zumuten. Deshalb überredete sie ihre Schwägerin Leni, den Fridolin, der bereits am 26. Februar sechs wurde, auch noch ein Jahr warten zu lassen, damit ihre Tochter ihren kleinen Spielgefährten nicht verlor. Sie würde sonst den ganzen Tag allein herumhängen, weil Fridolin am Vormittag in der Schule sei und am Nachmittag an seinen Hausaufgaben sitzen oder mit neuen Freunden losziehen würde.

Für Helene und Fridolin begann der Ernst des Lebens also erst im Jahr darauf, und zwar am 2. Mai. Denn seit 1933 war der 1. Mai gesetzlicher Feiertag und zudem fiel er in diesem Jahr auf einen Sonntag. Weil sich Therese zu dieser Zeit in der Klinik befand und Stefan sich nicht extra freinehmen wollte, um sein Kind in die Schule zu bringen, nahm sich Tante Leni der Kleinen an und begleitete sie und Fridolin an ihrem ersten Schultag.

Nachdem seine Helene die erste Schulwoche hinter sich gebracht hatte, sah Stefan ein, dass es so nicht weitergehen konnte. Seiner Tochter gegenüber hatte er ein schlechtes Gewissen. Ihr blieb ja kaum noch Zeit, Kind zu sein. Nach dem Unterricht musste sie sich ihr Essen aufwärmen und anschließend abspülen und das Geschirr vom Vorabend noch dazu.

Mit der Zeit fühlte auch er sich durch die Hausarbeit überfordert, denn ihm blieb ebenso wenig Zeit zum Ausschnaufen.

Der junge Vater erkannte, dass wieder eine Frau ins Haus musste, um sich selbst und sein Kind zu entlasten. Elisabeth, seine Schwiegermutter, konnte er nicht mehr einspannen. Nach einem Schlaganfall war sie halbseitig gelähmt und fortan ein Pflegefall. Stefan konnte auch nicht verlangen, dass man seine Tochter tagsüber im Moar-Haus betreute. Klara, seine Schwägerin, war mit der Pflege ihrer Schwiegermutter und den neun Kindern, von denen die beiden Jüngsten erst ein Jahr und vier Lenze zählten, mehr als ausgelastet.

Es gab noch einen weiteren Grund, warum Stefan eine Frau im Haus brauchte. Er wollte endlich an Urlauber vermieten. In die Fertigstellung und Möblierung der Fremdenzimmer hatte er viel Zeit und Geld investiert. Diese Räume sollten endlich die Einnahmen bringen, die er so notwendig brauchte.

Gewiss, die Mediziner hatten Stefan versichert, seine Frau werde nach etwa zwei Monaten wieder nach Hause kommen, doch er fürchtete, ihr Aufenthalt in der Klinik könne sich auch länger hinziehen. Und wer wusste schon, ob Therese bei ihrer Heimkehr wieder in der Lage sein würde, alle häuslichen Pflichten zu übernehmen oder gar zu vermieten. Jedenfalls musste etwas geschehen.

An einem Wochenende im Mai nahm er sich die Stellengesuche in der Zeitung vor. Es gab eine ganze Reihe weiblicher Personen, die Arbeit suchten. Die meisten Mädchen waren an einer Stelle als Verkäuferin oder als Bedienung in einer Gaststätte interessiert. Nur wenige bekundeten, dass sie in einer Familie arbeiten wollten. Unter diesen befand sich sogar eine ausgebildete Haushälterin. Doch ihr das entsprechende Gehalt zu zahlen, konnte er sich nicht leisten. Was er brauchte, war eine einfache Frau, die froh war, wenn sie ein Dach überm Kopf und satt zu essen hatte und die mit einem bescheidenen Taschengeld zufrieden war.

Bei einer Anzeige blieb er hängen. Sie war von einer jungen Frau vom Land, das eine Stelle im Haushalt suchte, kochen konnte und sich mit allen Handarbeiten auskannte. Diese Person schien ihm genau die Richtige. Er schrieb ihr sogleich einen Brief und warf ihn noch am selben Abend ein. Es entwickelte sich ein kurzer Briefwechsel, aus dem er erfuhr, dass die Frau Vroni hieß und 33 Jahre alt war. Das passte, in dem Alter schien sie ihm vernünftig genug, um die anfallenden Aufgaben bewältigen zu können. Sie kündigte an, dass sie am 31. Mai mit dem Bus um 18 Uhr in Reit im Winkl eintreffen werde.

Bis zur Ankunft seiner Haushaltshilfe war der Stand der Dinge in Stefans Haus folgender: Einige Tage nachdem er die Einwilligung zur Malaria-Therapie unterschrieben hatte, wurde er von großer Sorge um das Wohlergehen seiner Frau geplagt. Wie groß seine Verzweiflung gewesen sein muss, ist allein daraus ersichtlich, dass er sich die Mühe machte, am 10. Mai 1933 eine in schönster Sütterlinschrift verfasste offene Postkarte an die Direktion der Klinik zu senden. Darauf bittet er um eine klare und offene Nachricht über das Befinden von Therese. Seit der Einweisung in die Nervenklinik am 28. April habe er keine weiteren Informationen erhalten und bis auf die schriftliche Genehmigung zur Malariakur, die ihm Dr. Heiler abverlangt habe, wüsste er nicht, was mit seiner Frau passiere. Auf diese Karte erfolgte umgehend eine Antwort:

Sehr geehrter Herr Mühlberger!
Auf Ihre Anfrage vom 10. Mai erwidern wir ergebenst, dass Ihre Ehefrau bereits mit Malariablut geimpft wurde. Fieber ist vorläufig noch nicht eingetreten, sie selbst fühlt sich wohl, ist guter Dinge. Ihre geistigen Fähigkeiten sind recht schlecht. Wenn keine Komplikationen eintreten, so ist voraussichtlich zunächst mit einer körperlichen Erholung, vielleicht auch mit einer gewissen psychischen Besserung zu rechnen. Genaueres lässt sich jetzt noch nicht voraussagen. Die Kur dauert etwa 3 Wochen.

Diese Nachricht vermochte es nicht, den Ehemann völlig zu beruhigen. Er überlegte sich lange, wie er nun vorgehen sollte. Schließlich schrieb er eigenhändig folgenden, für seine Verhältnisse erstaunlich langen Brief. Aus diesem ist herauszulesen, wie ernstlich seine Sorgen waren, da Schreiben wirklich nicht seine Sache war.

Reit im Winkl, den 28. Mai 1933

Sehr geehrter Herr Dr. N. N.!
Für Ihre so werte schriftliche Mitteilung vom 12. Mai über das Befinden meiner Ehefrau meinen verbindlichsten Dank. Ich erlaube mir wiederum, Herrn Doktor über das Befinden meiner Ehefrau um baldige Antwort zu bitten. Von einer Besucherin bei meiner Frau wurde mir mitgeteilt, dass sie in hohem Fieber liegt, in sehr verzweifeltem Zustand ist und nur mit dem Gespräch von ihrem siebenjährigen Töchterlein kann man sie zur heiteren Miene bewegen, sonst soll sie viel weinen.

Ich habe vor, am Freitag, den 2. Juni mit der Tochter einen Besuch zu machen, mindestens nächste Woche. Ich möchte Herrn Doktor deshalb dringend bitten, mir bis Mittwoch 31. Mai eine schriftliche Mitteilung zukommen zu lassen, ob am Freitag oder nächste Woche ein Besuch meinerseits und Tochter wegen eventuellen Erregungen erlaubt ist, denn bei meiner finanziellen Lage würde ich es doppelt schwer empfinden, nach den großen Reisespesen vor dem Krankenzimmer meiner Frau zurückgewiesen zu werden. Auch hätte ich gerne die Möglichkeit, Herrn Doktor über die Zukunft der Gesundheit meiner Frau, ebenso über die weitere Berufstätigkeit zu sprechen.

Ich hoffe mir sehr das allerbeste und könnte den Herren Ärzten nicht genug dafür danken, wenn Sie meine Frau von der abscheulichen Infektion retten und als gesunde Frau nach Hause schicken können.

Erlauben Sie mir, Herr Doktor, es ist schwer, die Frau so lange vermissen zu müssen, es war aber auch schwer, im letzten Jahr die wirtschaftlichen Sorgen mitsammen zu teilen. Sie war früher immer flink und aufgeweckt und in der letzten Zeit brach sie zusammen. Ich würde sie sehr, sehr vermissen, zumal wir in der Familie auf ihr Einkommen so sehr angewiesen sind.

Wir hoffen das allerbeste und ich bitte Herrn Doktor nochmals mir umgehend über das Wesentliche Nachricht zu geben.

In aller Hochachtung
Ihr ergebener
Stefan Mühlberger

Schon am 30. Mai antwortete die Klinikleitung auf Stefans Brief und gab ihm die Möglichkeit, seiner Frau in der Klinik einen Besuch abzustatten. Über ihren gesundheitlichen Zustand wurde ihm mitgeteilt:

Wir haben bei Ihrer Frau des körperlichen Allgemeinzustandes wegen die Fieberkur bereits abgebrochen. Bei dem Besuch der Bekannten, auf den Sie anspielen, hatte die Patientin hohes Fieber, sie war daher apathisch und unzugänglicher als sonst. Es ist damit zu rechnen, dass Ihre Frau in einigen Tagen wesentlich zugänglicher sein wird als damals.

Der weitere Verlauf der Erkrankung lässt sich jetzt noch nicht übersehen. Es ist anzunehmen, dass zunächst eine körperliche und dann wohl auch geistige Besserung eintreten wird. Wir halten es aber für ausgeschlossen, dass Ihre Frau in absehbarer Zeit wieder berufsfähig wird.

Fast zeitgleich ging von der Klinikleitung eine kurze Notiz an Dr. Heiler, dass die Patientin Therese Mühlberger zurzeit klinisch behandelt werde und ein Aufenthalt von zwei Monaten erforderlich sei. Von dieser Mitteilung hatte ihr Ehemann Stefan jedoch keine Kenntnis.

Am 31. Mai war Stefan pünktlich an der Bushaltestelle. Ganz Kavalier, wollte er seiner zukünftigen Haushälterin Vroni beim Tragen des Gepäcks helfen. Zudem wollte er es ihr ersparen, sich mühsam bis zu seinem Haus durchfragen zu müssen. Dann hätte das Dorf gleich mitbekommen, dass in seinem Haus eine Veränderung anstand. Die Leute würden es noch früh genug erfahren.

Aus dem Bus sprangen zunächst einige junge Burschen, Berufspendler. Gemächlich folgten zwei Ehepaare mittleren Alters mit Koffern, ganz offensichtlich Urlauber. Am Schluss quälte sich eine Frau mit einem Koffer aus dem Bus. Das musste Vroni sein. Stefan trug ihren Koffer, während sie mit ihrer Handtasche am Arm neben ihm herging. Bereits nach wenigen Schritten fiel ihm auf, dass sie ein Bein nachzog. Auf der Straße wollte er sie aber nicht darauf ansprechen.

An ihrem ersten Abend in seinem Haus spielte er noch einmal den Koch, da sie sich in seiner Küche noch nicht auskannte. Für alle gab es Kaiserschmarrn mit Johannisbeermarmelade.

Als das Kind im Bett war, saß der Hausherr noch eine Weile mit seiner Hauserin in der Küche zusammen, um ihr die Aufgaben, die auf sie zukommen würden, zu erklären. Vor allem weihte er sie ein, dass er vier Zimmer vermieten wolle. Aus diesem Grund sollte sie bereits am nächsten Morgen alle Betten beziehen, die Räume putzen und abstauben. Denn seit dem Ausbau und der Möblierung war in diesen Räumen nichts mehr geschehen. Ein Werbeschild hatte er bereits vorbereitet. Mit schwarzer Lackfarbe hatte Stefan auf die eine Seite eines gehobelten Brettchens geschrieben »Zimmer frei« und auf die andere Seite »Zimmer belegt«. So brauchte man das Brett nur umzudrehen, um es der Situation anzupassen. Am folgenden Tag wollte er das Schild direkt neben der Haustür aufhängen. Dass man das so machte, hatte er sich längst bei Nachbarn abgeschaut. Von diesen hatte er auch erfahren, dass ab Mitte Mai an den Wochenenden die Sommerfrischler anreisen, durchs Dorf spazieren und dort anfragen, wo ein Schild auf ein freies Zimmer hinweist. Stefan klärte seine Haushälterin auch darüber auf, wie sie sich den Gästen gegenüber zu verhalten habe.

»Für gewöhnlich reisen sie am Freitag oder am Samstag mit dem 14-Uhr-Bus an. Zu der Zeit musst du in der Küche sitzen und die Tür so weit offenlassen, dass du hörst und siehst, wenn jemand das Haus betritt. Die Haustür darf natürlich nicht abgesperrt sein. Kommen Gäste, erklärst du ihnen als erstes, dass wir im Haus fließendes Wasser haben. Dann zeigst du ihnen die Zimmer und das WC und betonst, dass sie sich dort am Waschbecken waschen können. Entschließen sie sich zum Bleiben, führst du sie in die Stube, wo du die Namen und Adressen in dieses Hefterl schreibst, damit uns niemand durch die Lappen geht. Bei der Gelegenheit erwähnst du auch gleich, dass in diesem Raum das Frühstück serviert wird.«

Als alle sachlichen Fragen geklärt waren, erkundigte er sich nach Vronis Bein. Da erfuhr er eine traurige Geschichte: Wie schon öfter hatte sie als Fünfjährige vorne auf dem Pferdewagen ihres Vaters gesessen, um mit ihm aufs Feld zu fahren. Auf dem recht holprigen Weg geriet das linke Vorderrad in ein Schlagloch. Dadurch rutschte das Kind vom Wagen, und ein Hinterrad fuhr über ihren Unterschenkel. Das Kind schrie aus Leibeskräften und wurde sofort ins Krankenhaus gebracht. Doch der Unterschenkel war nicht mehr zu retten. Unterhalb des Knies musste das Bein amputiert werden. Erst als sie ausgewachsen war, ließ man für sie ein Holzbein anfertigen.

»Ja, glaubst du denn, dass du mit dieser Behinderung allen Aufgaben in meinem Haus gewachsen bist?«

»Freilich bin ich das. Mit meinem Holzbein hätte ich zwar auf keinem Bauernhof eine Stelle gekriegt und Heirats-Chancen hatte ich auch keine. Aber ich hatte das Glück, auf dem elterlichen Hof bleiben zu können. Von meiner Mutter wurde ich in allen Haushaltsarbeiten angelernt. Und als sie vor drei Jahren starb, machte ich allein den ganzen Haushalt.«

Sie erzählte weiter, dass sie mit ihrem Leben ganz zufrieden gewesen sei. Der Vater habe, wie bisher, mit seinem Sohn Theo, der zwei Jahre jünger war als Vroni, den Hof weiter bewirtschaftet. Ihre anderen Geschwister seien längst aus dem Haus gewesen.

Es habe sich jedoch schlagartig alles geändert, als der Vater ein Jahr später überraschend gestorben sei. Ihr Bruder wurde nun der Herr des Anwesens, eines Einödhofes im Bayerischen Wald. Nach einigen Monaten heiratete er seine langjährige Freundin Traudl. Damit war er die längste Zeit Herr gewesen. Nun war sie es, die das Sagen hatte.

Weil die Arbeitskraft des Vaters weggefallen war, hatte der Bruder gleich vom nächsten Gesindemarkt einen Knecht mitgebracht, den Franz. Dieser war nicht nur ein tüchtiger Bursche, er sah auch noch gut aus. Schon bald begann er der Bauerntochter den Hof zu machen. Vroni, die nie von einem Mannsbild beachtet worden war, tat das unendlich wohl. Sie ließ ihn aber erst in ihre Kammer, als er versprach, sie zu heiraten, sollten seine nächtlichen Besuche Folgen haben.

Es vergingen nur einige Monate, dann machte sie ihrem Liebhaber das Geständnis, sie sei in anderen Umständen. Darüber zeigte er sich sehr erfreut und versicherte ihr, er werde schon bald bei ihrem Bruder um ihre Hand anhalten und ihn fragen, ob sie als Ehepaar auf dem Hof leben dürften. Das war im November. Er besuchte sie weiterhin fast jede Nacht und sie ließ es geschehen, da »es« ja ohnehin schon passiert war.

Bis zum 2. Februar, dem Lichtmesstag, hatte er ihr noch immer nicht die ersehnte Antwort ihres Bruders gebracht. Sie wollte Franz aber auch nicht drängen, obwohl sie sehr beunruhigt war. Ihr Zustand ließ sich nämlich kaum noch verbergen. Wie üblich versammelte man sich auch am Lichtmesstag um 12 Uhr zum Mittagsmahl um den Küchentisch. Wer aber nicht erschien, war der Franz. Noch ehe Vroni eine Frage stellen konnte, berichtete ihr Bruder seiner Frau:

»Stell dir vor, Traudl, heute nach dem Frühstück hat der Franz um seinen ausstehenden Lohn gebeten, sich verabschiedet und ist mit seinem Bündel, das er bereits gepackt hatte, auf und davon.«

Bei diesen Worten bekam seine Schwester einen Schreck. Abwechselnd wurde ihr heiß und kalt, und nur mit Mühe konnte sie ihre Tränen zurückhalten. Zum Glück achtete das Ehepaar nicht auf sie.

Theos Frau fing gleich lauthals an zu schimpfen: »Ja, gibt's denn so was! So ein undankbarer Kerl! Nun sitzen wir da und wissen nicht, wie wir so schnell Ersatz für ihn finden sollen. Der hatte es doch gut bei uns. Du hättest ihn fragen sollen, warum er geht. Vielleicht hätten wir ihn dann noch umstimmen können.«

»Freilich habe ich ihn gefragt, warum er gehe, ob ihm die Arbeit zu viel sei, ob er mehr Lohn wolle.«

»Was hat er darauf geantwortet?«, fragte die Frau lauernd.

»Er meinte, an uns liege es nicht. Am Hof sei für ihn alles in Ordnung gewesen. Er wolle aber nun was anderes sehen und die Welt kennenlernen.«

»Und was machen wir jetzt? Saublöd, dass die Gesindemärkte abgeschafft wurden. Jetzt stehen wir da und können schauen, wo wir so schnell einen neuen Knecht herkriegen«, ereiferte sich Vronis Schwägerin.

»Reg dich nicht auf!«, versuchte Theo seine Frau zu beruhigen. »Noch heute gehe ich zum Huber-Bauern.

Sein Xaver kommt dieses Jahr zu Ostern aus der Schule.«

»Was willst du denn mit dem? Ein Anfänger! Der kann noch nichts und hat keine Kraft.«

»Sag das nicht. Wie ich den Huber kenne, hat der seinen Buam schon früh an die Arbeit gekriegt«, antwortete Theo.

»Und wenn schon«, regte sich die Frau weiterhin auf. »Wenn der erst Anfang April aus der Schule kommt, stehen wir bis dahin ohne Knecht da. Wer soll in der Zwischenzeit die ganze Arbeit machen?«

»Das mit der Arbeit ist halb so wild«, redete der Mann begütigend auf Traudl ein. »Du weißt selbst, dass es im Winter nicht viel zu tun gibt. Und im April, wenn die Arbeit richtig losgeht, ist der Xaver ja da.«

Theo ritt zum Nachbarn hinüber und war nach einer guten Stunde wieder zurück, mit einer positiven Nachricht. Vroni aber konnte an diesem Abend lange keinen Schlaf finden. Sie dachte über die Schlechtigkeit der Männer allgemein und über die vom Franz im Besonderen nach. Schließlich weinte sie sich in den Schlaf.

Das Schlimme war, dass sie in den nächsten Tagen immer eine gute Miene machen musste, obwohl ihr danach keineswegs zumute war. Ein paar Tage gelang es ihr noch, ihren Baby-Bauch unter einer Kittelschürze zu verbergen. Doch bald hatten die Argus-Augen ihrer Schwägerin ihr Geheimnis entdeckt. Nun richtete sich deren ganze Wut gegen die arme Schwester ihres Mannes. Sie machte ihr eine furchtbare Szene und gab ihr die Schuld dafür, dass sich der

Franz aus dem Staub gemacht hatte. Diese Beschuldigung schmerzte doppelt, weil es ja stimmte.

Am Ende ihrer Schimpfkanonade offenbarte Traudl: »Ich erwarte selbst ein Kind und ich will nicht, dass es mit deinem Bankert aufwächst. Darauf kannst du dich verlassen, für ihn werde ich rechtzeitig einen Pflegeplatz finden. Sobald dein Bankert aus dem Haus ist, kannst du ebenfalls dein Bündel schnüren. So eine wie dich können wir auf dem Hof nicht länger brauchen. Du bist eh zu nichts nütze. Noch nicht mal als Kindsmagd taugst was. Du kannst ja keinem Kind hinterherrennen.«

Testamentarisch war Vroni zwar von den Eltern ein Wohnrecht auf Lebenszeit zugesichert worden, aber sie wusste genau, dass sie nicht darauf pochen konnte. Bei ihrem Bruder würde sie nicht den geringsten Rückhalt finden. Der würde bei seiner Frau nichts ausrichten.

Vronis Kind kam Mitte April zur Welt. Mit der gnädigen Erlaubnis ihrer Schwägerin durfte sie mit ihrem Sohn noch bleiben, bis er abgestillt war. In dieser Zeit hatte die junge Mutter ihre Suchanzeige in die Zeitung gesetzt. Sie wollte keinen Tag länger bleiben als nötig. Schwägerin Traudl hatte für den Kleinen einen Pflegeplatz bei einer armen Bauersfrau gefunden, die selbst einige kleine Kinder hatte und froh war, sich ein paar Mark verdienen zu können. Noch an dem Tag, als Traudl den kleinen Josef in die Pflegefamilie gab, verließ Vroni ihr Elternhaus.

Stefans Hauserin endete ihren Bericht mit den Worten: »Das Geld, das du mir zahlst, muss ich an die Pflegemutter weitergeben. Vom Kindsvater kann ich keine Alimente eintreiben, der ist nicht auffindbar. Dies ist das erste Mal, dass ich in Dienst gehe.«

»Es tut mir leid, dass dir das Schicksal so übel mitgespielt hat. Aber glaube mir, auch ich habe mein Packerl zu tragen.«

Mit wenigen Worten schilderte er ihr, dass seine Frau ernstlich krank sei und sich in München in einer Klinik befinde. Vroni möge aber bitte mit niemandem im Dorf darüber reden. Er fügte hinzu: »Wie lange wir dich wirklich brauchen, weiß ich noch nicht. Es hieß, Therese müsse zwei Monate in der Klinik bleiben. Meine Befürchtung ist aber, es könne auch länger werden. Aber selbst, wenn sie wirklich nach zwei Monaten entlassen würde, wäre es mir recht, wenn du bis Ende Oktober bleiben könntest, nämlich bis die letzten Feriengäste abgereist sind. Falls meine Frau wirklich nach Hause kommt, kann sie vielleicht den Haushalt machen, aber sie wird nicht in der Lage sein, zu vermieten.«

»Ist schon recht, Stefan. Versuchen wir beide es halt miteinander.«

Darauf antwortete er: »Jedenfalls freue ich mich, dass du da bist. Schauen wir mal, wie wir miteinander auskommen.«

Es lief alles wirklich zu Stefans Zufriedenheit, und er erkannte bald, dass er mit seiner Hauserin einen guten Griff getan hatte. Zu seiner Tochter hatte sie von Anfang an einen guten Draht. Der Siebenjährigen, die aufmerksam lauschte, erzählte sie später ebenfalls ihre traurige Lebensgeschichte.

Auch Vroni schien mit ihrer Stelle zufrieden zu sein. Zur Freude des Hausherrn füllten sich die

Fremdenzimmer bald und waren von wechselnden Gästen bis Ende Oktober belegt. Sie beherbergten Herrschaften mittleren und höheren Alters. Diese kamen hauptsächlich aus Norddeutschland, aus Holland und aus Belgien, ja sogar aus Dänemark reiste ein Ehepaar an. Es waren alles Leute aus dem Flachland, die gerne mal Berge sehen und darin wandern wollten. Eigenartigerweise kamen nur Gäste ohne Kinder, selbst dann, als überall Sommerferien waren. Vermutlich konnten sich Leute mit Kindern keinen Urlaub leisten.

Da Stefan nun die tüchtige Vroni im Haus wusste, wagte er es, mit seiner Tochter am 2. Juni einen Besuch in München zu machen. Er war erschüttert, wie schlecht es Therese ging. Seine Hoffnung, dass sie schnell wieder gesund werde und weiter als Hebamme arbeiten könnte, musste er angesichts ihres Zustands aufgeben. In einem Schreiben an die Klinikleitung bittet er um eine professionelle Einschätzung, ob sich die geistige Verfassung seiner Frau seit Pfingsten verbessert habe und ob sie so weit genesen könnte, dass sie wieder alleine den Haushalt führen könne. Außerdem äußert er seine Sorge, dass Therese zu irgendwelchen Zwecken als Versuchskaninchen diene, die ihren baldigen Tod herbeiführen würden. Diese Befürchtung begründet er mit dem schlechten und geistig so herabgekommenen Zustand.

Die Antwort der Psychiatrischen Klinik ließ nicht lange auf sich warten. In dem Schreiben wird hervorgehoben, dass es mit Therese angeblich aufwärts gehe und dass seine Sorge, es könnten Versuche mit ihr durchgeführt werden, jeglicher Grundlage entbehre:

Wir können Ihnen zu unserer Freude mitteilen, dass sich der allerdings zu Pfingsten recht schlechte Allgemeinzustand Ihrer Frau wieder sehr gebessert hat. Sie isst jetzt wieder besser und ist auch geistig regsamer geworden, sodass man also sagen kann, dass sich Ihre Frau auf dem Wege der Besserung befindet. Wir hoffen sehr, noch eine weitere Besserung im Verlaufe der Kur zu erzielen. Wir können aber jetzt noch nicht mit Sicherheit sagen, ob ihr Zustand nach Beendigung der Kur so sein wird, dass sie den Haushalt allein bewältigen kann. Immerhin ist es durchaus möglich, dass sie so weit wieder hergestellt wird.

Der schlechte Allgemeinzustand zu Pfingsten war durch die anstrengende Fieberkur hervorgerufen und ist leider in manchen Fällen nicht zu vermeiden. Die meisten Kranken erholen sich aber nach der Fieberkur sehr gut. Ihre Besorgnis, dass etwa Kranke in unserer Klinik zu gefährlichen Versuchen verwendet werden, ist durchaus unbegründet, und es werden bei uns nur solche Behandlungen durchgeführt, von denen man eine Heilung oder Besserung erwarten kann.

In den Unterlagen über Therese Mühlberger finden wir mit Datum vom 8. Juli 1933 eine Mitteilung der Psychiatrischen Klinik, aus der nicht ersichtlich ist, ob sie an den Ehemann oder ihren Hausarzt gegangen ist. Vermutlich aber an den Hausarzt, denn es findet sich kein Schreiben als Beleg dafür, dass Stefan darauf reagiert hätte.

In dem Dokument wird mitgeteilt, dass Therese Mühlberger aufgrund einer organischen Hirnerkrankung (Paralyse) weiter klinisch behandelt werden müsse und dass der Ausgang dieser Behandlung darüber entscheide, ob Therese nach Hause entlassen oder aber in eine Heilanstalt geschickt werde.

Stefan ließen die Sorgen um seine Frau zu Hause offenbar nicht los, auch wenn die Klinik sich Mühe gab, ihn mit schriftlichen Mitteilungen zu beruhigen. Immer wieder setzte er sich an den Schreibtisch, um sich brieflich – manchmal auch auf Postkarten – nach dem Zustand seiner Frau zu erkundigen.

Auf einen dieser Briefe reagierte die Klinik wiederum mit einem Bericht über Thereses Krankheitsverlauf, der ihrem Ehemann vermutlich viele Hoffnungen genommen hat. Auch Thereses berufliche Zukunft war Thema des Schreibens vom 13. Juli:

Auf Ihr Schreiben vom 9. Juli 1933 teilen wir Ihnen gern mit, dass sich der körperliche Zustand Ihrer Frau weiterhin gebessert hat, dass aber in der letzten Zeit in Bezug auf die geistige Regsamkeit und Leistungsfähigkeit eine Besserung nicht festzustellen ist. Wie weit im weiteren Verlauf der Behandlung noch eine Besserung eintreten wird, lässt sich zurzeit nicht voraussagen, auf jeden Fall aber muss die Kur zu Ende geführt werden. Erst nach Abschluss der Kur wird man Bestimmtes darüber sagen können, ob Frau M. wieder fähig sein wird ihren Haushalt zu versorgen und überhaupt im Hause sein zu können oder ob ihr Zustand eine anderweitige Unterbringung nötig machen sollte, was wir nicht hoffen. Eine Rückkehr in ihre berufliche Tätigkeit ist dagegen ausgeschlossen. Wir haben deshalb die privatärztliche Bescheinigung der Angestelltenversicherung im Sinne der Berufsunfähigkeit ausgefüllt. Diese Bescheinigung steht Ihnen gegen eine Gebühr von 3 Mark zur Verfügung.

Es folgt die sehr magere Bescheinigung, dass Therese aufgrund einer schweren organischen Hirnschädigung zu 100 Prozent erwerbsgemindert sei.

In der Zwischenzeit musste sich die Gemeinde Reit im Winkl an die Reichsversicherungsanstalt für Angestellte gewandt haben. Das ist verständlich, denn die Gemeindeväter machten sich berechtigte Sorgen, ob Therese Mühlberger ihren Dienst in absehbarer Zeit wieder aufnehmen werde, da das Dorf bereits seit geraumer Zeit ohne Hebamme war.

Aufgrund dieses Schreibens fragte der Bezirksarzt aus Traunstein dann bei der Psychiatrischen Klinik in München an und pochte auf eine rasche Erledigung der Angelegenheit, da im Falle einer Berufsunfähigkeit Thereses die Anwärterin auf den Arbeitsplatz der Dorfhebamme den Ausbildungslehrgang in Stuttgart antreten müsse.

Wie zu erwarten gewesen war, kam am 18. Juli 1933 die ernüchternde Antwort der Klinik, dass bei Therese Mühlberger in absehbarer Zeit nicht damit zu rechnen sei, dass sie ihren Dienst als Hebamme wieder aufnehmen könne.

Die überlieferten Schreiben in Thereses Akte zeigen auf erschreckende Weise, dass man ihren Ehemann Stefan über längere Zeit im Unklaren darüber gelassen hat, was mit seiner Frau in der Klinik geschah und welche Schritte vorgenommen wurden. In einem amtlichen Schreiben wird etwa dem städtischen

Wohlfahrts- und Jugendamt mitgeteilt, dass Therese Mühlberger in eine Anstalt verlegt werden kann. Aus einer offenen Postkarte vom 6. August, die Stefan an die Klinik geschrieben hat, geht jedoch hervor, dass man in dieser Sache offenbar über seinen Kopf hinweg entschieden hatte:

Es wurde mir vom Herrn Bürgermeister in Reit im Winkl mitgeteilt, dass meine Ehefrau Therese Mühlberger demnächst in der Anstalt Gabersee untergebracht werden soll. Ich bitte Sie, mir umgehend über die Notwendigkeit und über das gang und gäbe Bericht zu erstatten. Weiters bitte ich, mir bis spätestens Freitag, den 11. August Nachricht zukommen zu lassen, ob ich am Samstag, den 12. August nachmittags circa zwischen 15 und 18 Uhr meine Frau mit dem siebenjährigen Töchterchen noch besuchen kommen darf oder ob sie schon woanders untergebracht ist.

Zwei Tage später hielt Stefan die Antwort in Händen und mit ihr eine Erklärung, warum die Verlegung nach Gabersee notwendig sei. Thereses Zustand habe sich bisher immer noch nicht so weit gebessert, dass eine Entlassung möglich wäre, allerdings sei es auch nicht mehr notwendig, sie klinisch zu behandeln. Aus diesem Grund habe man die Unterbringung von Therese in eine Heil- und Pflegeanstalt bereits angemeldet, man könne aber nicht sagen, ob sie bereits vor Stefans geplantem Besuch am 12. August verlegt werde. Er dürfe sie aber jederzeit besuchen.

Dass Stefan noch mal in München war, ist aus den Akten ersichtlich, aber nicht, wann das war und ob er seine Frau bei dieser Gelegenheit gesehen hat. Es ist lediglich dokumentiert, dass er ein letztes Gespräch mit dem Leiter der Klinik geführt hat. Bei dieser Unterredung wurde Stefan vorgegaukelt, dass Thereses Unterbringung in Gabersee eine vorübergehende sei. Sobald sie psychisch und geistig stabilisiert sei, könne sie durchaus nach Hause entlassen werden.

Nach dem Besuch in München informierte Stefan seine Haushälterin darüber, dass Therese in die Pflegeanstalt in Gabersee überführt worden sei, deshalb hoffe er darauf, dass Vroni ihm weiterhin den Haushalt führe, bis die Frau doch noch als genesen entlassen werden könne. Er drückte seiner Hauserin gegenüber immer wieder seine große Zufriedenheit mit ihrer Arbeit aus, aber nicht nur mit Worten, sondern auch mit Barem. Er erhöhte ihr Gehalt um 5 Mark im Monat. Das konnte er sich leisten, weil er durch Vronis vorbildliche Vermietung gute Einnahmen erzielte. Mit Wohlgefallen beobachtete er, dass sie zuvorkommend mit den Gästen umging und ihnen gewissermaßen jeden Wunsch von den Augen ablas. Daher war es kein Wunder, dass so mancher Gast vor der Abreise gleich einen Aufenthalt für das nächste Jahr buchte.

Therese Mühlberger wurde dann am 16. August 1933 in die Heil- und Pflegeanstalt Gabersee gebracht. Eine Krankenschwester der Psychiatrischen Klinik München hat sie begleitet und dort auch ihre Krankenakte abgegeben, die noch erhalten ist und in der man die ganze Krankheitsgeschichte nachlesen kann:

Die Salvarsankur wurde am 31. Juli 1933 beendet. Die Patientin ist schwer dazu zu bewegen, etwas zu essen. Herr Dr. O. – sagt sie jeden Tag – hätte ihr verboten, zu essen, weil sie ein schlechtes Weib sei. Außerdem bezahle niemand für sie. Sie muss sehr oft mittels Schlauch ernährt werden.

Die Patientin wäscht sich den ganzen Tag. Wenn Schwester Apollonia ihr die Seife wegnimmt, wird sie mit leiser Stimme in der stockenden paralytischen Sprache von der Patientin beschimpft. Die Mimik dabei stets jovial heiter. Wenn die Patientin einen Brief bekommen hat, liegt sie die folgenden Tage mit dem Brief im Bett – falls sie sich nicht wäscht – und liest ihn zum Ärger der Bettnachbarin immer wieder laut vor.

Man hört immer wieder die gleichen Redensarten von ihr. Sie läuft unruhig im Saal umher und sagt: »Ich will heim.« Sie belästigt die anderen Patientinnen, indem sie alles anfasst. Schwester A., die sie ins Bett befördert, ist »gemein«.

Der psychische Zustand der Patientin wird immer schlechter, sodass sie auf die geschlossene Abteilung verlegt werden muss. Der organ-neurologische Befund ist unverändert. Psychisch bietet sie nach wie vor das Bild einer schweren paralytischen Demenz. Die Patientin wird am 16. August 1933 nach Gabersee verlegt. Diagnose: Tabo-Paralyse.

Dass die Überführung nach Gabersee vollzogen worden ist, wurde auf der Akte handschriftlich vermerkt. Doch die Kommunikation zwischen den einzelnen gesundheitlichen Behörden scheint nicht so recht geklappt zu haben, denn der Landesfürsorgeverband

Oberbayern fragte rund eine Woche später nach, wo Therese geblieben sei.

Auf diese Anfrage kam ein Schreiben, in dem berichtet wird, dass bei Therese eine Malaria-Fieber-Therapie mit anschließender Quecksilberschmier- und Salvarsankur durchgeführt worden sei. Die Kur habe man am 27. Juli beendet, jedoch habe die verschlechterte Psyche der Patientin trotz der Behandlung die Verlegung auf die geschlossene Abteilung nötig gemacht. Am 16. August sei dann die Überführung in die Heilanstalt Gabersee erfolgt.

In der Heil- und Pflegeanstalt Gabersee

Therese befand sich nun also in Gabersee bei Wasserburg. Am Tag ihrer Einlieferung wurde in der Heil- und Pflegeanstalt eine Akte für die Patientin angelegt, in der gleich ganz vorne die Aussage der begleitenden Pflegerin vermerkt ist: »Sie hat sich während der Fahrt ruhig verhalten.«

Über die erste Seite des Formblattes, das mit Schreibmaschine ausgefüllt wurde, ist handschriftlich vermerkt: »Nicht erbkrank!« Das war eine wichtige Feststellung in der damaligen Zeit!

Wie für jeden Patienten wurden von Zeit zu Zeit Beobachtungen in der Krankenakte durch das Pflegepersonal festgehalten. Zwei Tage nach ihrer Ankunft wurde Thereses Zustand erstmalig dokumentiert: »Meist läppisch euphorisch, stumpf, erklärt unter Lachen, dass sie nicht mehr gesund werde, spricht auch sonst ganz gleichgültig von ihrer Krankheit. Das Krankheitsbewusstsein scheint nur ein ganz oberflächliches zu sein. Dazwischen einmal weint sie, aber ohne ersichtlichen Grund, ist auch gleich wieder zum Lachen zu bringen. Affektlabil. Intellektuell sehr zurückgegangen, immerhin erfährt man bei der Prüfung noch mehr, als man bei ihrem stumpfsinnigen Verhalten erwarten würde. Zugänglich, gibt gerne Auskunft, soweit sie kann. Schwer verständlich infolge ihrer starken Sprachstörung.«

Ähnliche Eintragungen finden sich in der Folgezeit immer wieder. Zusätzlich wird Klage darüber geführt, dass sie nachts sehr unruhig sei und die Mitpatientinnen störe, auch dass sie aufstehe und umhergehe. Mit Medikamenten werde sie ruhiggestellt. Sie beschäftige sich mit Stricken, äußere nie Wünsche, auch nicht den, nach Hause entlassen zu werden. Tagsüber spreche sie vor sich hin, wirke verwirrt. Einer Besucherin gegenüber habe sie geäußert, nun bald mit dem Flugzeug nach Hause zu »fahren«.

Einige Wochen nachdem Therese in Gabersee »abgegeben« worden war, machte ihr Ehemann einen Besuch bei ihr. Tief enttäuscht kehrte er nach Hause zurück und berichtete seiner Schwester Kathie und seiner Hauserin: »Therese hat mich gar nicht erkannt.« Deshalb verzichtete er vorerst auf weitere Besuche.

Da man ihm auf seine Anfrage hin vonseiten der Klinikleitung aber Hoffnung gemacht hatte, ihr Befinden werde sich mit der Zeit bessern, wagte er am 11. November doch wieder einen Besuch in Gabersee. Diesen unternahm er jedoch weniger aus eigenem Antrieb, sondern mehr auf Drängen einiger Verwandter. Diese hatten behauptet, man halte die Patienten in Gabersee zurück, um auf diese Weise Geld zu machen. Was eigentlich Unsinn war, denn nicht Stefan musste für den Aufenthalt seiner Frau an das Heim zahlen, sondern eine Wohlfahrtseinrichtung. Er hätte sich das nie und nimmer leisten können.

Vor allem aber hatte seine Schwägerin Elisabeth, die älteste Schwester der Therese, darauf gedrängt, sie heimzuholen. Damit er sich endlich dazu durchringen konnte, begleitete sie ihn sogar auf der Fahrt. Obwohl die beiden bei ihrer Ankunft feststellen konnten, dass sich der Zustand der Patientin nicht gebessert hatte und das Pflegepersonal sie eindringlich davor warnte, die Patientin mitzunehmen, da es noch verfrüht sei, Therese noch unrein sei und sich nachts sehr unruhig verhalte, waren sie nicht von ihrem Vorhaben abzubringen.

»Gut, meinetwegen nehmen Sie Ihre Frau halt mit, aber auf Ihre Verantwortung!«, gestand ihnen eine Pflegerin endlich zu. »Bei mir brauchen Sie sich aber nicht zu beschweren, wenn Sie mit ihr nicht zurechtkommen.«

Also marschierten sie mit Therese zum Bahnhof. Kaum, dass sie den Zug bestiegen hatten, muss Stefan seinen Entschluss schon bereut haben. Denn bereits nach kurzer Fahrt fingen die Probleme an. Therese lief unruhig hin und her und belästigte die Mitreisenden. Das wäre ja noch gegangen, aber zum Entsetzen ihrer Begleiter fing sie an, die Wände und Sitze mit Kot und Urin zu beschmieren, bevor man sie daran hindern konnte. In Traunstein mussten sie umsteigen. Hier weigerte sich Therese, in den anderen Zug einzusteigen. Sie müsse hier ins Krankenhaus, behauptete sie, sie müsse dringend am After operiert werden. Mit viel Mühe, fast schon mit Gewalt – gutes Zureden allein half nicht – verfrachtete man sie endlich in den Anschlusszug.

Stefan atmete auf, als er mit ihr sein Haus erreichte. Doch an ein familiäres Miteinander und ruhige Stunden war nicht zu denken. Die ganze Nacht über geisterte Therese im Haus herum und redete laut vor sich hin, sodass der arme Ehemann, seine Haushälterin und seine Tochter kaum ein Auge zutun konnten. Immer wieder versuchte Therese in den ersten Stock zu gelangen mit der Behauptung, da oben seien Ärzte, von denen sie sich behandeln lassen wolle. Auch im Haus beschmierte sie die Wände und Türen mit Kot und Urin. Der geplagte Ehemann war froh, dass sich zu dieser Zeit keine Feriengäste im Haus befanden.

Bevor Stefan seine Frau in Gabersee abgeholt hatte, hatte er sich tatsächlich erhofft – zumal ihm seine Angehörigen damit in den Ohren gelegen hatten – seine Frau sei in der Lage, ihre Hausarbeiten wieder zu verrichten und das Kind zu betreuen. Stattdessen hatte er nach Kurzem erkennen müssen, dass Therese absolut nicht mehr in der Lage war, einen normalen Alltag zu führen. Vielmehr musste sie rund um die Uhr betreut werden, und man konnte sie buchstäblich keine Sekunde aus den Augen lassen, sonst stellte sie etwas an. Für die kleine Helene war es verstörend, eine Mutter zu haben, von der sie keine Hilfe erwarten konnte, sondern eine, auf die sie ständig aufpassen musste.

Am folgenden Morgen stand Stefans Entschluss fest, egal was die lieben Verwandten sagen würden: Therese musste wieder zurück ins Pflegeheim. Mit ihr noch mal eine Bahnfahrt zu machen, traute er sich nicht. Obwohl es ihn ein kleines Vermögen kosten würde, rief er von der Post aus bei einem Taxiunternehmen in Grassau an. Wenig später stand ein Wagen vor seiner Tür, der ihn und seine Frau nach Gabersee bringen sollte. Begeistert stieg sie ein, ohne zu wissen, wohin die Reise gehen würde. Sehr erleichtert übergab Stefan sie vor Ort dann wieder den Händen der Pflegerin. Diese konnte sich nicht die triumphierende Bemerkung verkneifen: »Das habe ich Ihnen ja gleich gesagt, dass das nicht gutgehen wird.«

Ohne Murren hatte sich Therese zurück nach Gabersee bringen lassen und ihren gewohnten Tageslauf wieder aufgenommen.

Nach diesem fehlgeschlagenen Versuch, Therese nach Hause zu holen, gab Stefan die Hoffnung ganz auf. Er dankte Vroni für ihre fleißige Arbeit mit der Aussage, sie könne von ihm aus in seinem Haus bleiben, so lange sie wolle.

Einige Zeit nach dieser Episode, musste sich Stefan mit einem schweren Vorwurf vonseiten der Anstalt in Gabersee auseinandersetzen. Wie in einem Akteneintrag vom 24. Dezember 1933 nachzulesen ist, hatte man dort offenbar regelmäßiges Erbrechen bei Therese beobachtet:

Therese erbrach in letzter Zeit öfter, ohne, dass sie sonst über etwas klagte. Objektiv war auch nichts nachzuweisen. Es tauchte der Gedanke auf, sie könnte trotz ihrer Paralyse bei ihrem eintägigen Urlaub geschwängert worden sein. Sie ist aber jetzt erst unwohl geworden.

Ansonsten dement, interesselos, äußert nie einen Wunsch. Schreibt eigenartigerweise ganz verständliche Karten nach Hause, in denen sie sich bedankt und sich nach dem Ergehen zu Hause erkundigt.

Wenig später erhielt der Ehemann einen Brief von der Heimleitung, in dem ihm der Vorwurf gemacht wurde, er habe seine Frau nur nach Hause geholt, um sie sexuell zu benutzen. Sie sei schwanger geworden, und nun habe man die Scherereien mit ihr.

In seinem Antwortschreiben verwahrte sich Stefan vehement gegen eine solche Unterstellung. Er habe seine Frau schon deshalb nicht angerührt, um sich bei ihr nicht mit Syphilis zu infizieren.

Da bei Therese nach einigen Wochen das Erbrechen aufhörte und keine weiteren Schwangerschafts-Anzeichen erkennbar waren, sahen die Pflegerinnen und Ärzte wohl ein, dass keine Schwangerschaft vorliege.

Im Heim lebte Therese stumpf und teilnahmslos vor sich hin. Sprach man sie an, lachte sie und gab kaum eine Antwort. Hin und wieder fragte eine Krankenschwester – vielleicht um ihren Geisteszustand zu testen – ob sie nach Hause wolle, ihr Mann habe geschrieben.

Statt eine konkrete Antwort zu geben, fragte Therese: »So, lebt mein Mann noch?«, und wechselte verwirrt wieder das Thema. Über die Monate hinweg sah sie zunehmend schlechter aus.

Anfang April 1934 bat Stefans Haushälterin ihn um ein Gespräch. Sie eröffnete ihm, dass sie ihn zum 1. Juni verlassen werde. Er fiel aus allen Wolken.

»Aber um Gottes Willen, Vroni, warum denn? Gefällt es dir bei uns nicht?«

»Doch, Stefan, mir gefällt es sehr gut. Du warst immer nett zu mir. Mit deiner Tochter verstehe ich mich

Stefan mit Tochter Helene im Februar 1934

ebenfalls prima, und das Vermieten hat mir richtig Spaß gemacht.«

»Ja, was ist es dann? Willst du mehr Geld?«

»Nein, darum geht es nicht. Es geht um mein Bein. Mit dem Holzbein fällt es mir doch sehr schwer, immer treppauf, treppab zu laufen. Jetzt im Winter ohne Gäste war es kein Problem. Aber Ende Mai beginnt die neue Saison, das möchte ich mir nicht wieder antun. Mittlerweile habe ich die Zusage von einer Stelle, wo ich im Sitzen arbeiten kann.«

»Ja, wo gibt's denn so was, wo man im Sitzen arbeiten kann?«

»Beim Nähen. In den letzten Wochen habe ich eifrig die Stellenangebote in der Zeitung studiert und mich bei einer Kleiderfabrik beworben, die in der Nähe von meinem eigentlichen Zuhause liegt. Die suchen Leute, auch ohne Nähkenntnisse, und lernen sie an. Bei meiner Bewerbung habe ich erwähnt, dass ich von meiner Mutter schon Grundkenntnisse im Nähen erworben habe. Daraufhin habe ich gleich eine Zusage bekommen und kann am 1. Juni anfangen. Vor allem kann ich dann näher bei meinem Kind sein. Den Bub habe ich jetzt schon ein Jahr lang nicht gesehen. Dem werde ich ja ganz fremd. Von der neuen Stelle aus kann ich ihn regelmäßig besuchen, und ich hoffe, dass ich ihn irgendwann zu mir nehmen kann.«

»Ja, Vroni, für dich freut mich das alles. Aber ich stehe dann ohne Hauserin da.«

»Ah, geh, Stefan, das ist doch kein Problem. Es gibt genug Frauen, die eine solche Stelle suchen. Damit du dich gleich nach einer anderen umschauen kannst, habe ich es dir rechtzeitig gesagt. Bis zum 1. Juni wirst du leicht eine neue finden.«

Helene war natürlich auch traurig, als sie erfuhr, dass Vroni sie verlassen würde und erst recht, als diese am 31. Mai mit dem Bus davonfuhr. Sie und der Vater hatten es sich nicht nehmen lassen, sie bis zur Haltestelle zu begleiten. Noch trauriger aber war die kleine Helene, als am folgenden Tag die neue Haushälterin anreiste. Katharina hatte zwar kein Holzbein und konnte flink die Treppe hinauf- und hinunterlaufen, aber sie schien ein Herz aus Holz zu haben. Oder war es gar aus Stein? Sie fand kein gutes Wort für das Kind, und ihr Verhalten Helene gegenüber wurde mit der Zeit nicht besser.

Über ihre Arbeit war nicht zu klagen. Sie erledigte alles gewissenhaft und zeigte sich auch den Urlaubsgästen gegenüber freundlich, sodass Stefan mit ihr ganz zufrieden war.

Katharina war nicht nur mit Gefühlen dem Kind gegenüber sparsam, ihre Sparsamkeit zeigte sich auch im Haushalt. Bis Ende Oktober hatte sie vom Haushaltsgeld so viel zusammengespart, dass sie eine Waschmaschine kaufen konnte. Sie sah nämlich nicht ein, dass sie sich von Hand weiterhin mit der vielen Bettwäsche der Urlaubsgäste abplagen sollte, wenn man es auch bequemer haben konnte. Nun lässt sich eine Waschmaschine von damals nicht mit einer heutigen vergleichen, dennoch war die Arbeitsersparnis beachtlich.

Stefan indes sah sich mittlerweile in einen Papierkrieg um Thereses Gesundheitszustand verwickelt. Denn die Versicherung stritt nun darum, ob sich Therese vor oder nach dem 1. Juli 1928 angesteckt habe, denn erst seit diesem Zeitpunkt standen Hebammen unter Versicherungsschutz. Sollte sich die junge Geburtshelferin nach dem umstrittenen Datum infiziert haben, würde ihr eine Entschädigung, beziehungsweise Rente zustehen. Hätte sie sich aber vor dem 1. Juli 1928 die Krankheit zugezogen, würde sie leer ausgehen. Deshalb setzte die Versicherung alles daran, den Ansteckungszeitpunkt für Thereses Krankheit auf die Zeit vor dem besagten Datum festzulegen.

Im Nachhinein war natürlich nicht mehr nachzuweisen, wann sich Therese wirklich infiziert hatte. Mit Schreiben vom 5. Januar 1934 kam das Bayerische Oberversicherungsamt jedenfalls zu dem Schluss, dass sich die Hebamme Mühlberger vor dem 30. Juni 1928 mit Lues angesteckt haben müsse. Weder ihr Ehemann noch Dr. Heiler hatten die Möglichkeit, das Gegenteil zu belegen. Es war ein Zweifelsfall, der letztlich zu Thereses Ungunsten entschieden wurde. Dass Therese von der Versicherung nun keine Rente erhielt, traf den leidgeprüften Ehemann in diesem Moment aber nicht mehr ganz so hart, da er inzwischen durch die Vermietungen gute Einnahmen hatte.

Die Kosten für die Heimunterbringung Thereses trug der Landesfürsorgeverband Oberbayern in München, denn außer dem verschuldeten Haus besaß die Familie keinerlei Vermögen.

Für das Kind Helene ergab sich in den Sommerferien 1937 eine erfreuliche Abwechslung. Urlaubsgäste aus Berlin, die Ottos, die 1935 zum ersten Mal Urlaub im Hause Mühlberger gemacht hatten, kamen im folgenden Jahr wieder. Ihnen gefiel die kleine Helene und sie hatten Mitleid mit dem mutterlosen Kind. Ihnen war nicht entgangen, dass die Kleine bei der Haushälterin nichts zu lachen hatte. Das kinderlose Ehepaar lud das Mädchen also für die Sommerferien 1937 nach Berlin-Marienfelde ein.

Herr Otto hatte alles bestens organisiert. Eine mit ihnen befreundete Familie, die im Juli 1937 Urlaub im Hause Mühlberger machte, nahm mit Beginn der bayerischen Sommerferien Helene im Auto mit nach Berlin. Allein schon die Autofahrt durch unterschiedliche Landschaften und Städte war für das Kind, das noch nie über die Grenzen seines Dorfes hinausgekommen war, ungemein beeindruckend.

In Berlin bereitete ihr die Gastfamilie unvergessliche Tage. Sie besuchten den Zoo und einen Zirkus und gingen mit ihr ins Kino. Für Helene vergingen die drei Wochen wie im Flug, und sie verspürte kein bisschen Heimweh, im Gegenteil, als die Abschiedsstunde gekommen war, wurde sie traurig. Damit das Mädchen die weite Strecke nicht allein per Bahn zurückfahren musste, nahm Herr Otto sie im Auto mit nach München, wo er geschäftlich zu tun hatte. In München setzte er Helene in den Bus, der sie in ihr Heimatdorf zurückbrachte. Noch lange zehrte sie von diesen Ferien und ertrug das Leben mit Katharina für eine Weile leichter.

Unterdessen vegetierte Therese weiter in Gabersee dahin. Viele Einträge aus ihrer Patientenakte zeigen über Jahre hinweg einen erbarmungswürdigen Zustand ohne Aussicht auf Besserung. Häufig finden sich Eintragungen mit den Vokabeln »unrein«, »stumpfsinnig«, »verblödet«, »dement«.

Keine Veränderung. Redet viel vor sich hin, ohne dass es gelingt, sie zu verstehen, muss zur Ordnung und Reinlichkeit angehalten werden. (15. Juli 1936) Ist psychisch völlig unverändert. Ist ganz stumpf und unzugänglich. Hat keinerlei Interesse an ihrer Umgebung, interessiert sich nur fürs Essen. Muss zur Reinlichkeit angehalten werden. (5. Januar 1937) Lacht blöde vor sich hin, ist vollkommen dement. Geht am Holzwagen. (16. März 1939)

Worum es sich bei einem Holzwagen handelt, ist nicht näher erklärt. Es könnte eine Art Gehhilfe gewesen sein, möglicherweise auch ein »Spielzeug«, das man einsetzte, um Patienten zu beschäftigen. Auch am 21. September 1940 wird darauf noch einmal Bezug genommen: *Ganz unverändert, stumpf und leer, ohne höhere Regungen. Zeigt keinerlei Interessen. Geht noch immer am Wagen.* Dies sind die letzten Eintragungen in Thereses Krankenakte aus der Zeit in Gabersee.

Am 5. November 1940 wurde für sie – wie auch für weitere 120 Patienten aus dieser Anstalt – ein Fragebogen ausgefüllt, weil sie nach Alkoven (Oberösterreich) transportiert werden sollten.

Am folgenden Tag fanden für den Patiententransport weitere Vorbereitungen statt. Zum Abendessen gab es Pfannkuchen, ein bei allen Patienten beliebtes Gericht, das es zu deren Bedauern viel zu selten gab. Als sie sich mit gutem Appetit darüber hermachten, ahnte niemand von ihnen, dass dies ihre letzte Mahlzeit sein sollte.

Am nächsten Morgen, also am 7. November, wurden alle 121 Pfleglinge mit einem Namensschild versehen, das ihnen mit Leukoplast-Streifen zwischen den Schulterblättern befestigt wurde. Im Morgengrauen marschierten sie, begleitet von einigen vom

Pflegepersonal, zum Bahnhof. Erwartungsfroh stiegen die meisten Patienten in den Zug, nicht ahnend, was auf sie zukommen würde. Die Bahnfahrt bedeutete für sie eine willkommene Abwechslung in ihrem eintönigen Dasein. Der Zug brachte sie nach Linz, wo sie gleich in Busse umstiegen und in das nur wenige Kilometer entfernte Alkoven gefahren wurden. Vor dem wunderschönen Schloss Hartheim hielten die Busse an, und die Patienten stiegen aus. Wenn viele von ihnen auch in schlechter geistiger Verfassung waren, so empfanden die meisten doch die Schönheit des Gebäudes und ließen sich bereitwillig hineingeleiten. Von außen sah man dem prachtvollen Bau nicht an, dass er im Inneren mittlerweile zu einer Tötungsanstalt ausgebaut worden war. Von den Bussen aus führte man die unglücklichen Geschöpfe direkt in eine Gaskammer, wo sie noch zur selben Stunde ermordet wurden. Ihre Leichname landeten unmittelbar danach in den Verbrennungsöfen.

Laut der vorgefundenen Aufzeichnungen sind im Rahmen der sogenannten »Aktion T4« von Mai 1940 bis Dezember 1944 in Hartheim etwa 30.000 Menschen ermordet worden, psychisch Kranke, körperlich und geistig Behinderte und Häftlinge aus Konzentrationslagern.

Wenige Tage später erhielt Stefan Mühlberger die überraschende Nachricht, seine Frau sei von Gabersee nach Linz verlegt worden. Einen Grund für die Verlegung hatte man ihm nicht angegeben.

Einige Tage danach erreichte den Ehemann dann folgendes Schreiben mit traurigem Inhalt:

Linz, den 20. November 1940

Sehr geehrter Herr Mühlberger!
Es tut uns leid, Ihnen mitteilen zu müssen, dass Ihre Frau Therese am 19. November 1940 an Lungenentzündung verstorben ist. Die Urne mit den sterblichen Überresten Ihrer Frau geht Ihnen in den nächsten Tagen per Post zu.

Diese kam tatsächlich wenige Tage später als Postpaket an. Nun oblag dem Witwer die traurige Aufgabe, seine Frau bestatten zu lassen. Damit stand er vor einem Problem. Nach der Lehre der katholischen Kirche durften Katholiken nicht eingeäschert werden, weil damit dem Verstorbenen die Möglichkeit geraubt würde, am Jüngsten Tag aufzuerstehen. Die Tatsache, dass Thereses Leichnam verbrannt worden war, konnte er freilich nicht rückgängig machen. Die Urne musste aber beigesetzt werden, nur durfte dies eben nicht auf dem katholischen Friedhof geschehen.

In seiner Verzweiflung führte Stefan mit dem Ortspfarrer ein langes Gespräch. Dieser zeigte sich als ein verständnisvoller Mensch. Nachdem er von dem Witwer die ganze traurige Krankengeschichte Thereses gehört hatte, sah der Geistliche kein Problem darin, die Urne in geweihter Erde zu begraben. Sein guter Wille allein genügte jedoch nicht. Es galt zu bedenken, wie die Dorfbevölkerung darauf reagieren würde, wenn man auf ihrem Friedhof eine Urne beisetzte. Es war zu befürchten, dass ein Sturm der Empörung losbrechen würde. Die einzige Möglichkeit, dem vorzubeugen, sah der Pfarrer darin, den

Gläubigen in seiner Grabrede Thereses erschütternde Geschichte darzulegen. Danach würde gewiss jeder Verständnis aufbringen. Doch Stefan wollte nicht, dass im Dorf publik wurde, an welcher Krankheit die Verstorbene gelitten hatte.

Plötzlich kam dem geistlichen Herrn eine Idee. Stefan solle sich beim Schreiner einen Sarg anfertigen lassen, die Urne hineinstellen und den Sarg dann, für alle gut sichtbar, vom Trauerhaus zum Friedhof tragen lassen, wie es der Brauch war. Genau so wurde es gemacht. Vor dem Begräbnis hatte Stefan lediglich die Geschichte vom Tod seiner Frau durch Lungenentzündung verbreitet. Daran hatte er sogar selbst lange Zeit geglaubt.

Therese war im Alter von 42 Jahren gestorben. Daher empfanden die Dorfbewohner großes Mitgefühl, wie immer, wenn ein relativ junger Mensch starb. Hinzu kam noch, dass die Verstorbene fast zehn Jahre im Dorf als Hebamme gewirkt und sich dadurch ein gewisses Ansehen erworben hatte. Deshalb folgte dem Sarg ein langer Trauerzug. Vor der Beerdigung hatte man Helene, Thereses Tochter, die mittlerweile 14 Jahre alt war, eingeschärft, nur ja bei niemandem zu erwähnen, dass sich in dem Sarg eine Urne befinde. Auf Helene konnte man sich verlassen, sie hatte ja bereits all die Jahre die Wahrheit über ihre Mutter verschwiegen.

Eigentlich musste es den Sargträgern – was immer Nachbarn waren – aufgefallen sein, dass der Sarg erstaunlich leicht war. Aber niemand von ihnen sprach den Witwer darauf an. Erst nach der Beisetzung wurde immer wieder im Dorf gemunkelt, dass bei der

Beerdigung der Mühlbergerin etwas nicht mit rechten Dingen zugegangen sei, denn der Sarg sei auffallend leicht gewesen.

Nach dem Krieg, als die Gräueltaten des NS-Regimes ans Tageslicht kamen, glaubte Stefan nicht mehr an das Märchen von der Lungenentzündung. Nun war er sich ganz sicher, dass seine Frau auch eines der Opfer dieses menschenverachtenden Regimes geworden war. Ebenso war er nun davon überzeugt, dass sich in der Urne gar nicht die Asche seiner Frau befunden hatte. Das war schier unmöglich. Wie bekannt wurde, hatte man die Toten in großen Mengen in die Verbrennungsöfen geschoben. Wie hätte man nachher Asche von Asche unterscheiden können? Vermutlich hatte man einfach in jede Urne ein bisschen von der Asche gescharrt und sie als Postpaket versandt. Im Dorf äußerte er seinen Verdacht aber nie.

Stefan, mein schwergeprüfter Großvater, hat nie eine Entschädigung dafür bekommen, dass sich seine Frau Therese in ihrem Beruf die schreckliche Krankheit zugezogen hatte und dass sie zum Dank dafür auf grausame Weise ermordet worden war. Seine Tochter Helene – meine Mutter – hat allerdings im Jahre 2016, als sie fast neunzig war, einen Geldbetrag erhalten, da sie das Kind eines Euthanasie-Opfers und zu der Zeit, als ihre Mutter umgebracht wurde, noch minderjährig war.

In dem Begleitschreiben ist zu lesen: »Nach den Richtlinien der Bundesregierung über Härteleistungen an Opfer von nationalsozialistischen Unrechtsmaßnahmen im Rahmen des Allgemeinen Kriegsfolgengesetzes (AKG) vom 1. September 2004 zahlt die

Bundesfinanzdirektion West eine einmalige Härtebeihilfe in Höhe von 2.556,46 Euro.«

Als meiner Mutter diese Summe zugesprochen wurde, hatte sie geistig schon so weit abgebaut, dass sie sich nicht mehr darüber freuen konnte.

Aber nun zurück in das Haus Mühlberger im Jahre 1940. Auch Katharina, die Haushälterin, hatte bisher über alles, was mit Thereses Krankheit zusammenhing, beharrlich geschwiegen. Nach deren Beerdigung schwieg sie erst recht, sie wollte nichts gefährden. Endlich sah sie die Chance gekommen, Frau Mühlberger zu werden. Das wurde sie im Jahr darauf tatsächlich. Helene, Thereses Tochter, war von dieser Heirat nicht sehr begeistert. Denn damit wurde für sie das Leben im Elternhaus noch unangenehmer. Als Stiefmutter führte Katharina ein noch strengeres Regiment als zuvor.

Die Nachbarn dagegen, mit denen die neue Frau Mühlberger gelegentlich auf der Straße oder beim Einkaufen einen kleinen Ratsch hielt, erlebten sie als angenehme, gesprächige Person. Doch es kam nie ein Wort über ihre Lippen, was die Krankheit und den mysteriösen Tod ihrer Vorgängerin betraf.

Die Tochter der Hebamme

Helene war sehr erleichtert, als sie gleich nach ihrer Schulentlassung im Jahre 1941 ihr Pflichtjahr antreten musste. Während viele Mädchen in einer Munitionsfabrik oder als Flakhelferin eingesetzt wurden, hatte sie ausgesprochenes Glück. Tante Maria, eine Schwester ihres Vaters, hatte ihr eine Stelle im Haushalt eines Amtsgerichtsrats vermittelt. Dieses ältere Ehepaar hatte drei Töchter, die fast alle erwachsen waren. Eine von ihnen war bereits verheiratet und aus dem Haus.

Abgesehen davon, dass meiner Mutter das Arbeiten in diesem Hause gut gefiel und sie sehr zufrieden damit war, wie man sie behandelte, wunderte sie sich darüber, dass man dieser Familie ein Pflichtjahrmädchen zugeteilt hatte. In der Schule war ihnen nämlich erklärt worden, dass alle Mädchen, die nicht zu kriegswichtigen Einsätzen gebraucht würden, auswählen konnten, ob sie auf einem Bauernhof eingesetzt werden möchten, um in der Landwirtschaft mitzuhelfen, oder in einem Stadthaushalt, um eine kinderreiche Hausfrau zu unterstützen, deren Mann im Krieg war. Auch mich wundert es bis heute, dass meine Mutter in diesen Haushalt kam. Inzwischen habe ich nämlich von einer Frau erfahren, die drei Kinder unter vier Jahren hatte und deren Mann an der Front stand. Obwohl sie monatelang hartnäckig darum gekämpft hatte, ein Pflichtjahrmädchen zu bekommen, ist ihr nie eines zugewiesen worden. Man musste wohl die richtigen Beziehungen und das richtige Parteibuch haben, um mit einer Helferin bedacht zu werden.

Helenes Hauptaufgabe im Haushalt des Richters war das Putzen. Für sie bedeutete das kein Problem, denn diese »Kunst« hatte ihr die Stiefmutter rechtzeitig und ausgiebig beigebracht. In der richterlichen Küche lernte das Pflichtjahrmädchen aber auch Kochen unter Anleitung der Hausfrau, und zwar die »gutbürgerliche Küche«. Diese kannte sie von daheim nicht, dort war es stets wesentlich einfacher und sparsamer zugegangen. Zu Helenes Aufgaben gehörte es auch, im Esszimmer den Tisch zu allen Mahlzeiten zu decken, und wenn Gäste erwartet wurden, musste das besonders festlich sein. Die Hausfrau brachte ihr auch fachgerechtes Servieren bei. Hatten alle Familienmitglieder oder Gäste ihr Essen auf dem Teller, füllte die Hausherrin eigenhändig Helenes Teller. Diesen trug sie dann in die Küche, wo sie allein essen musste. Die Küche war auch sonst ihr Aufenthaltsort. Dort musste sie spülen, den Herd scheuern, das Silberbesteck putzen, Strümpfe stopfen oder Wäsche ausbessern.

Da meine Mutter in dieser Zeit reichlich und gut zu essen bekam, machte sie einen Entwicklungsschub. Sehr bald war sie nicht mehr das kleine, schmächtige Mädchen, das jeder Windhauch hätte umpusten können.

Um die Wäsche brauchte sich Helene kaum zu kümmern. Zum Waschen und Bügeln kam jede Woche eine Frau ins Haus, die am Montag in der dampfenden Waschküche, die sich im Keller befand, eifrig scheuerte und wrang. Wenn gerade nichts anderes anfiel, ging Helene ihr zur Hand. Die Wäsche wurde auf dem Dachboden aufgehängt, wobei Helene meist auch half. Am Donnerstag kam die Frau zum Bügeln, und Helene half beim Falten der großen Wäschestücke.

Die Richterfamilie besaß auch einen ansehnlichen Nutzgarten hinter dem Haus, den Helene »beackern« musste. Mit allen Gartenarbeiten kannte sie sich bestens aus. Ihre Stiefmutter hatte es nicht versäumt, sie rechtzeitig in die Geheimnisse des Gemüseanbaus einzuweisen. Doch selbst ihre Herrin und der Herr Amtsgerichtsrat waren sich nicht zu schade, in ihrem Garten zu graben, zu hacken, zu säen und Unkraut zu rupfen. In der Gartenarbeit sah der Hausherr einen gesunden Ausgleich zu seiner überwiegend sitzenden Tätigkeit. Vor allem war es ihm wichtig, mit dem selbst gezogenen Gemüse den kriegsbedingten Mangel an Lebensmitteln auszugleichen.

Helene bewohnte ein Zimmer im Erdgeschoss. In diesem Haus gab es bereits fließendes Wasser und sogar ein Bad. Im Mädchenzimmer gab es allerdings kein Waschbecken. Wie das selbst in den meisten Stadthäusern noch üblich war, stand ihr für ihre Körperpflege eine irdene Waschschüssel und eine Wasserkanne, die sie selbst täglich auffüllen musste, zur Verfügung.

Meiner Mutter gefiel es in diesem Hause so gut, dass sie auf Bitten ihrer Herrschaft freiwillig ein zweites Jahr anhängte und somit vorerst nicht zu ihrer Stiefmutter zurückmusste. Bevor das zweite Jahr zu Ende ging, musste Helene sich für einen Beruf entscheiden. Die Auswahl war nicht sehr groß. Wieder war es Tante Maria, die ihr eine Lehrstelle vermittelte, und zwar in Traunstein als Bäckereiverkäuferin. Sie wohnte im Haus ihres Lehrherrn und teilte sich die Schlafkammer mit ihrer Tante Maria, die als Köchin im Haushalt des Bäckers arbeitete.

Helene war bereits seit einigen Monaten Lehrling im Laden des Bäckers, da wartete eines Abends der Amtsgerichtsrat, ihr voriger Dienstherr, vor dem Bäckerhaus auf sie. Besorgt erkundigte er sich danach, ob es ihr gut gehe und ob es ihr auf der neuen Stelle gefalle. Sie konnte alle Fragen zu seiner Zufriedenheit beantworten. Dann ging er beruhigt seines Weges.

Nach dem Ende ihrer Ausbildung trat meine Mutter eine Stelle als Verkäuferin in einer Bäckerei in Bad Reichenhall an. In diesem Haus hatte sie ein Zimmer, in dem außer ihr noch zwei Mädchen wohnten, nämlich die Köchin und das Hausmädchen. Dort blieb sie bis 1950. Dann muss sie wohl die Sehnsucht nach der Großstadt ergriffen haben. Wie es sich in einer Großstadt lebt und dass es dort vielfältige Möglichkeiten gibt, hatte sie ja als Elfjährige in Berlin erfahren. Aufmerksam studierte sie in der Zeitung die Stellenangebote für München. Sie entdeckte die Anzeige einer Familie Berger, die eine Haushaltshilfe suchte. Da sie in ihren beiden Jahren im Haus des Amtsgerichtsrats mit allen anfallenden Hausarbeiten und selbst mit Kochen vertraut gemacht worden war, bewarb sie sich mutig. Zu ihrer Überraschung wurde sie gleich auf ihre erste Bewerbung hin genommen. Man bot ihr 40 Mark Monatslohn, bei freier Kost und Wohnung. Als sie sich bewarb, hatte sie gedacht, dass sie der Hausfrau oder einer Köchin als Hilfe zugeteilt werden würde.

Stattdessen erwartete man von ihr, dass sie den Haushalt vollkommen selbstständig führte. Das war ihr keineswegs unangenehm. Sie fühlte sich dieser Aufgabe gewachsen und füllte sie zur vollen Zufriedenheit ihrer Arbeitgeber aus. Herr Berger führte nämlich einen eigenen Textilwarenladen, in dem seine Frau ganztägig mitarbeitete. Sie freuten sich, wenn sie sich am Mittag an den gedeckten Tisch setzen konnten. Helene oblag nicht nur die ganze Hausarbeit, sondern auch die Fürsorge für die kleine Tochter. Am Vormittag und am Nachmittag besuchte diese zwar den Kindergarten, doch über Mittag und am Abend war das Kind zu betreuen. Helene verstand sich sehr gut mit der kleinen Doris und nächtigte auch in deren Zimmer.

Dass meine Mutter diese Stelle angenommen hatte, sollte sich als schicksalhaft für sie erweisen. Im Hofbräu-Keller war eine Veranstaltung geplant, die sich »Tanz in den Mai« nannte. Das Ehepaar Berger wollte dorthin und großzügig, wie sie waren, luden sie auch ihre Haushaltshilfe dazu ein. Weil sie mit ihr sehr zufrieden waren, wollten sie der schüchternen jungen Frau, die bisher nichts von ihrer Jugend gehabt hatte, etwas bieten.

»Was soll ich denn da?«, fragte Helene verunsichert. »Ich kann doch gar nicht tanzen.«

»Das ist kein Problem«, erwiderte die Hausfrau. Sie legte eine Schallplatte aufs Grammofon und brachte ihrer Haushaltshilfe im Wohnzimmer die ersten Tanzschritte bei. Bis zum Vorabend des 1. Mai 1951 hatte Helene dann von mehreren Tänzen die Grundschritte drauf, sodass sie sich traute, mitzugehen.

Damit Töchterchen Doris an diesem Abend nicht allein war, ließen die Bergers eigens eine der Omas anreisen.

Helene war es dennoch etwas beklommen zumute, als sie zum ersten Mal in ihrem Leben einen Tanzsaal betrat. Als dann beim Einsetzen der Musik ein junger Mann auf sie zusteuerte und um den Tanz bat, pochte ihr das Herz bis zum Halse. Zunächst bewegte sie sich etwas unsicher auf dem Parkett. Der junge Mann hielt sie aber fest in den Armen und führte sie so sicher, dass alle Scheu von ihr abwich. An diesem Abend holte er sie noch mehrmals zum Tanz. Noch ehe der Ball zu Ende war, verabredeten sich die beiden zu einem Rendezvous gleich für den nächsten Tag.

Bei beiden war es Liebe auf den ersten Blick. Von da an waren sie unzertrennlich, und Helene traf Wilhelm, ihren Verehrer, an jedem Sonntagnachmittag, denn da hatte sie stets frei. Schon bald schmiedeten sie Zukunftspläne. Leider war an eine baldige Heirat nicht zu denken, denn sie hatte nichts, und er hatte nichts. Vor der Heirat wollten sie sich erst genug zusammensparen, dass sie einen Hausstand gründen konnten. Das fehlende Geld war noch nicht mal das größte Problem. Das Hauptproblem war, dass in München nicht so leicht eine Wohnung zu finden war. Die Wohnungsnot war noch immer enorm, da im Krieg sehr viel Wohnraum zerstört worden war.

Obwohl sich Helene nach wie vor gut mit ihren Arbeitgebern verstand und sie die kleine Doris ins Herz geschlossen hatte, kündigte sie im Herbst 1951 ganz überraschend. Über eine Bekannte war ihr nämlich eine Stelle angeboten worden, bei der sie 70 Mark im

Monat verdienen würde. So würde schneller das Geld für ihren künftigen Hausstand zusammenkommen, und sie konnte ihren Wilhelm eher heiraten. Ab November desselben Jahres war sie also Haushälterin bei einer Arztfamilie. Auch diese Familie gestand ihr am Sonntag einen freien Nachmittag zu, sodass sie sich weiterhin regelmäßig mit Wilhelm treffen konnte. Da sie nicht unnütz Geld ausgeben wollten, besuchten sie kein Kino, keinen Zoo, keine Tanzveranstaltung, ja sie gingen noch nicht mal in ein Café. Die wenigen gemeinsamen Stunden, die sie hatten, verbrachten sie mit Spaziergängen, selbst bei Wind und Wetter. So atmeten sie genügend frische Luft und lernten sehr viel von München kennen.

Am 29. November 1952 heirateten die beiden dann kurzfristig, da ihnen überraschend eine Wohnung angeboten worden war. Zwar handelte es sich dabei um eine Kellerwohnung in der Taubenstraße, aber in diesen Zeiten der Wohnungsknappheit hieß es bei einem solchen Angebot sofort zugreifen. Diese Wohnung hatte zudem den enormen Vorteil, dass sie keine Miete zahlen mussten. Dafür war sie aber an das Amt des Hausmeisters gebunden. Das bedeutete, Helene musste täglich im ganzen Gebäude die Treppen putzen. Das war keine leichte Aufgabe. Es handelte sich immerhin um einen Wohnblock mit etwa fünfzig Wohnungen. Auch Wilhelm hatte bei diesem Objekt seine Aufgaben. Er musste den Innenhof regelmäßig kehren und im Winter Schnee räumen. Zudem musste er kleine Reparaturarbeiten durchführen: tropfende Wasserhähne dichten, verstopfte Toiletten gangbar machen, zu Bruch gegangene Fensterscheiben ersetzen, im Treppenhaus Glühbirnen auswechseln. Vor diesen Aufgaben schreckte der junge Mann nicht zurück. Schließlich hatte er sich in seinen bisherigen Tätigkeiten genügend Kenntnisse angeeignet, was ihm nun zugutekam.

Nachdem das junge Paar das Aufgebot bestellt hatte, fuhr Helene mit ihrem Bräutigam nach Reit im Winkl, um ihn zu Hause vorzustellen. Stefan war von seinem Schwiegersohn in spe gleich angetan. An diesem Wochenende muss er ihm die traurige Geschichte über Therese anvertraut haben. Von seiner Braut hatte er darüber nichts erfahren, zum einen, weil sie so »dressiert« war, zu diesem Thema nichts verlauten zu lassen, zum anderen, weil sie vermutlich alles verdrängt hatte und sich wirklich an nichts mehr erinnerte. Dass mein Vater das Familiengeheimnis kannte, verriet er mir erst kurz vor seinem Tod.

»Warum hast du mir nicht früher etwas davon erzählt?«, wollte ich wissen.

»Mit dieser Geschichte wollte ich dich nicht belasten.«

Der 29. November fiel auf einen Samstag. Üblicherweise fanden an Samstagen beim Münchner Standesamt keine Trauungen statt. Bei diesem Brautpaar machte man aber eine Ausnahme, weil Wilhelm bei der Stadt angestellt war. Am frühen Morgen gab sich das Paar auf dem Standesamt das Ja-Wort, anschließend wurden Helene und Wilhelm in der Heilig-Kreuz-Kirche zu Giesing kirchlich getraut.

Es wurde nicht groß gefeiert, nur mit den Trauzeugen, die sie in ihrem Freundeskreis gefunden hatten.

Statt für eine Feier wollten sie ihr Erspartes lieber zum Kauf der notwendigsten Möbel verwenden. Obwohl ihr erstes gemeinsames Zuhause nur eine Kellerwohnung war, genossen die Jungvermählten ihre Zweisamkeit.

Die Arbeit als Hausmeisterehepaar machte ihnen Freude. Für Wilhelm bedeutete die Stelle nur einen Zusatzjob, sein eigentliches Einkommen bezog er weiterhin als städtischer Angestellter.

Als die junge Frau im zweiten Halbjahr 1955 endlich schwanger wurde, freute sich das Paar sehr. Für beide gehörten zu einer richtigen Familie auch Kinder. Am frühen Morgen des 5. März 1956 setzten bei Helene die Wehen ein. Wilhelm war zum Glück noch zu Hause. So konnte er ein Taxi herbeirufen und seine Frau in die Universitäts-Frauenklinik bringen lassen. Dort kam am Spätnachmittag ein gesundes Mädchen an, dem sie den Namen Christine gaben. Die frischgebackenen Eltern waren sehr glücklich.

Als die junge Mutter am neunten Tag nach der Entbindung, wie das damals üblich war, nach Hause kam, wurde sie gleich nach Betreten des Hauses von Frau Becker aufgehalten, einer Mitbewohnerin aus dem Erdgeschoss. Da sie das Baby im Arm von Helene sah, gratulierte sie herzlich und fragte: »Was ist es denn?«

»Ein Mäderl«, antwortete die stolze Mutter. »Christine heißt es.«

»Ein Dirndl! Wie nett, darf ich es mal anschauen?« Sie durfte, indem die junge Mama das Steckkissen ein wenig lupfte. Damit aber nicht genug. Nun musste Frau Becker eine Geschichte loswerden, die sie offensichtlich seit Tagen belastete: »Stellen Sie sich vor,

Frau Leitner, meine Nachbarin, die Frau Müller, hat sich aufgeregt, weil die Treppe ein paar Tage nicht geputzt war.«

Während meine Mutter Luft holte, um eine Erklärung für dieses ihr peinliche Versäumnis abzugeben, fuhr Frau Becker in ihrem Redeschwall fort: »Der habe ich es aber gegeben! ›Wie soll denn die arme Frau‹, habe ich ihr vorgehalten, ›die Treppe putzen, wenn sie in der Klinik liegt?‹ ›Wie? Was? Die liegt in der Klinik? Sie wird doch nicht ernstlich krank sein?‹, zeigte Frau Müller volle Anteilnahme. ›Nein, krank ist sie nicht. Sie hat dort nur ihr Kind zur Welt gebracht.‹ Da blieb der anderen vor Überraschung der Mund offenstehen.«

Hier legte Frau Becker eine gekonnte Pause ein, um zu beobachten, wie ihre Worte auf ihre Zuhörerin wirkten.

»Irgendwann wird sie ihn doch wieder zugemacht haben?«, fragte meine Mutter leicht amüsiert.

»Ja, gewiss, aber nur, um mir eine Frage zu stellen: ›Wie? Die Frau Leitner war in anderen Umständen? Davon habe ich ja gar nichts mitgekriegt.‹ Darauf erklärte ich ihr: ›Frau Leitner wird noch ein paar Tage in der Klinik bleiben. Die Treppe wird also noch ein Weilchen ungeputzt sein.‹ Doch das interessierte Frau Müller nicht mehr. Die Treppe war vergessen. Sie musste erst einmal verdauen, dass die Hausmeisterin schwanger gewesen war und sie es nicht mitbekommen hatte!«

Schon am folgenden Nachmittag läutete Frau Müller an der Kellerwohnung, um bei der jungen Mutter einen Babybesuch zu machen. Für die kleine

Christine brachte sie eine rosa Strampelhose mit. Bei einer Tasse Kaffee plauderten die beiden Frauen dann ein wenig. Frau Müller, Mutter von vier Kindern, sparte nicht mit guten Ratschlägen und bot Helene an, sie könne sie jederzeit fragen, wenn sie Probleme mit dem Kind habe. Als sich das Baby lautstark meldete, weil es Hunger hatte, konnte Frau Müller es sogar sehen und kurz auf den Arm nehmen, bevor sie sich verabschiedete.

Frau Müller war übrigens die Einzige im ganzen Wohnblock, die auf diese Weise die Ankunft des neuen Erdenbürgers gewürdigt hat, sie war die Einzige, die einen Besuch bei der jungen Mutter gemacht und ein Geschenk überreicht hat. Andere Hausbewohnerinnen gratulierten auch, aber nur im Treppenhaus, wenn sie Helene beim Putzen antrafen.

Trotz Baby nahm meine Mutter weiterhin ihre Hausmeisterpflichten wahr. Ab Mitte 1958 kam für sie eine neue Aufgabe dazu: Sie putzte nun auch die Wohnung von Rosi und Pepi Leitner, also die Wohnung von Wilhelms Onkel und Tante. Pepi war der Bruder seiner Mutter Adelheid. Helene putzte gerne dort, denn die beiden waren sehr nett, und ein »Zubrot« konnte sie gut gebrauchen.

Drei Jahre nach Christines Geburt meldete sich ein zweites Baby an. Während der ganzen Schwangerschaft ging es der werdenden Mutter so gut, dass sie ihre Aufgaben bei Onkel und Tante und natürlich auch in ihrem Wohnblock bis zum letzten Tag wahrnehmen konnte.

Doch bevor es so weit war, bekam sie unerwarteten Besuch. Vor ihrer Tür stand eine elegant gekleidete

Dame, die dem Alter nach ihre Mutter hätte sein können. Sie stellte sich als Hermine Hess vor.

»Der Name sagt mir jetzt gar nichts«, reagierte meine Mutter befremdet.

»Vielleicht sagt Ihnen der Name Hermine Meister etwas?«, versuchte es die feine Dame auf andere Weise.

Helene schüttelte den Kopf: »Nein, auch damit weiß ich nichts anzufangen.«

Dennoch bat sie die Fremde herein und bot ihr am Küchentisch einen Platz an. Dann kochte sie eine Kanne Kaffee. Während die beiden Frauen genüsslich an ihren Tassen nippten und Christine friedlich in einer Küchenecke spielte, fragte Hermine Hess: »Hat Ihre Mutter nie von mir erzählt?«

»Nein, nicht dass ich wüsste.«

»Das wundert mich, weil wir doch sehr enge Freundinnen waren.«

»Dass meine Mutter mir nichts von Ihnen erzählt hat, liegt wahrscheinlich daran, dass ich nicht lange mit meiner Mutter zusammengelebt habe.«

»Wieso das?«, wunderte sich die Besucherin. »Sind Sie etwa bei der Oma aufgewachsen?«

»Nein, bei einer Haushälterin.«

Da Helene keine weiteren Ausführungen machte, drang Hermine nicht weiter in sie. Nun stellte meine Mutter ihrerseits eine Frage: »Woher kannten Sie meine Mutter?«

Frau Hess begann ausführlich zu erzählen. Sie habe mit Therese Mühlberger in Nymphenburg beim Dritten Orden die Schwesternausbildung gemacht und sei mit ihr zusammen in dem Kurs 1919/1920 gewesen.

○ Die verheimlichte Großmutter
€ 16,95 [D]

○ Ruth
€ 16,95 [D]

○ Sie hat auf ihn gewartet
€ 16,95 [D]

○ Meine verlorene Heimat
€ 16,95 [D]

○ Un-erhörte Stoßseufzer
€ 16,95 [D]

○ Eine eigenwillige Bauerntochter
€ 16,95 [D]

○ V. harten Leben einer Bauernmagd
€ 16,95 [D]

○ Anna
€ 16,95 [D]

○ Aloisia
€ 16,95 [D]

○ Der Duft nach Heu
€ 16,95 [D]

info@rosenheimer.com · www.rosenheimer.com · Tel: 08031 2838 0 · Fax: 08031 2838 44

Schon nach wenigen Tagen hätten sie sich angefreundet. Nachdem man sie gewissermaßen genötigt habe, seien sie mit einigem Widerstreben zusammen in den Dritten Orden eingetreten. Nach zwei Jahren Ausbildung hätten sie gemeinsam das Examen abgelegt. Dann hätten sich ihre Wege getrennt. Man sei aber brieflich in Kontakt geblieben. Helene hörte staunend zu. Das alles war völlig neu für sie. Da ihre Tassen mittlerweile leer waren, schenkte meine Mutter schweigend nach.

Plötzlich hielt die Dame im Erzählen inne und machte den Vorschlag: »Wollen wir uns nicht duzen? Dem Alter nach könnte ich deine Mutter sein. Außerdem erinnerst du mich in deinem Aussehen an meine Freundin, mit der ich mich wirklich gut verstanden habe.«

»Ist schon recht«, stimmte Helene zu. »Wie bist du nun aber auf mich gekommen?«

»Da muss ich ein bisschen weiter ausholen. Nachdem Schwester Wilfrieda, wie der Ordensname deiner Mutter war, Hals über Kopf aus dem Orden geflüchtet war, hatte es auch mir dort nicht mehr gefallen. Ein Jahr nach ihr verließ ich die Ordensgemeinschaft und arbeitete einige Jahre als weltliche Krankenschwester in einer Klinik in München. Schließlich entschloss ich mich gleichfalls dazu, eine Ausbildung zur Hebamme zu machen. Über all die Jahre standen wir in brieflichem Kontakt. Sie hatte mir von ihrer Heirat geschrieben, von ihrem Hausbau, von der Geburt ihres Töchterchens und wie froh sie sei, nun endlich als verantwortliche Hebamme in Reit im Winkl arbeiten zu dürfen. Leider brach der Kontakt 1932 plötzlich ab, von Thereses Seite. Auf meine beiden letzten Briefe bekam ich keine Antwort, was mich, ehrlich gesagt, ein bisschen kränkte. Im Sommer 1932 hatte ich ihr meine Hochzeit mit einem Arzt angezeigt und ihr erklärt, dass ich diesen während meiner Tätigkeit im Kreißsaal kennengelernt hatte. Weil ich weder einen Antwortbrief noch eine Glückwunschkarte bekam, dachte ich, sie hätte im Moment wahrscheinlich viel um die Ohren und komme nicht zum Schreiben. Doch so schnell ließ ich mich nicht entmutigen. Mitte Dezember schickte ich ihr einen weiteren Brief, erkundigte mich angelegentlich nach ihrer Familie, nach ihrer beruflichen Tätigkeit und drückte meine besten Weihnachts- und Neujahrswünsche aus. Als auch darauf keine Reaktion erfolgte, dachte ich: Therese ist vielleicht neidisch auf mich, weil ich mir einen Arzt geangelt habe, während ihr Mann nur ein Holzknecht ist.«

Helene gab vorerst keine Erklärung dazu ab, sondern hörte weiterhin interessiert zu, weil sie noch mehr über den Lebensweg ihrer Besucherin erfahren wollte. Diese erzählte bereitwillig weiter. In dem Krankenhaus, in dem sie ihren Mann kennengelernt hatte, habe sie auch nach der Hochzeit noch im Kreißsaal gearbeitet. Im September 1934 sei endlich ihr Wunschkind, Werner, auf die Welt gekommen. Sie hätte zwar noch weiter als Hebamme arbeiten dürfen, habe aber gekündigt, weil sie ganz für ihr spätgeborenes Baby da sein wollte. Finanziell habe sie es auch nicht nötig gehabt, weil ihr Mann als Chirurg gut verdiente. Selbst als der Sohn den Kindergarten besuchte, blieb sie zu Hause, weil er ja über Mittag und ab 17

Uhr Betreuung brauchte. Außerdem, so sehr wie Therese habe sie nicht an ihrem Beruf gehangen. Während des Krieges aber – Werner besuchte am Vormittag die Schule und am Nachmittag den Hort – wurde sie in einer Klinik als Krankenschwester dienstverpflichtet. Ihr Mann wurde glücklicherweise vom Kriegseinsatz verschont, aufgrund seines Alters und weil man in den Kliniken ja auch Ärzte brauchte. Nach dem Krieg nahm er in dem Krankenhaus einer Kreisstadt die Chefarzt-Stelle an. Dort lebte er mit seiner Familie in einer Dienstwohnung. Von seinem sehr guten Einkommen konnten sie nach der Währungsreform 1948 ordentliche Ersparnisse machen. Davon kauften sie sich 1959 eine Villa in einem noblen Stadtteil von München. Dort möchten sie ab 1962, wenn der Herr Doktor in den Ruhestand verabschiedet wird, ihren Lebensabend genießen. Im Moment nutzten sie die Villa nur gelegentlich am Wochenende. Ansonsten lebe Sohn Werner, der noch immer in München studiere, allein dort.

»Jetzt habe ich die ganze Zeit von mir erzählt«, unterbrach die Besucherin selbst ihren Redefluss. »Nun möchte ich auch ein bisschen von dir erfahren.«

»Ach, von mir gibt es nicht viel zu erzählen«, gab sich meine Mutter bescheiden. »Stattdessen interessiert es mich, wie du mich gefunden hast.«

»Das ist einfach zu beantworten. Inzwischen sind so viele Jahre vergangen, und ich war dankbar, dass wir den Krieg überlebt hatten, da wollte ich den alten Groll begraben und die Freundschaft mit Therese wieder aufleben lassen. Nach langem Überlegen fasste ich mir ein Herz und schrieb deiner Mutter, in der

Überzeugung, dass sie den Krieg in dem abgeschiedenen Dorf leichter überstanden hat als wir in der Großstadt. Ich fragte, ob sie noch als Hebamme arbeite, ob sie noch weitere Kinder bekommen habe und was Tochter Helene mache. Die müsse doch längst erwachsen sein und vielleicht sei sie, Therese, schon glückliche Großmutter. Zu meiner Freude erhielt ich bereits nach wenigen Tagen einen Brief, auf dem als Absender Mühlberger angegeben war. Doch bei näherem Hinsehen erkannte ich, dass es nicht Thereses Handschrift war. Was hatte das zu bedeuten? Der Brief war von Stefan, ihrem Mann. In wenigen Zeilen teilte er mir mit, dass Therese bereits 1940 gestorben sei. Zusätzlich erwähnte er, dass Helene, die gemeinsame Tochter, in München wohne und fügte deine Adresse hinzu. Da bin ich nun und hoffe, von dir mehr über deine Mutter zu erfahren. Denn im Alter von 42 Jahren stirbt man nicht einfach so.«

»Viel werde ich dir nicht erzählen können. Meine Mutter konnte deine letzten Briefe nicht mehr beantworten, weil sie bereits seit 1932 krank war. Im Jahr darauf kam sie nach München in eine Klinik und danach in eine Anstalt, wo sie bis zu ihrem Tode blieb.«

»Was hatte deine Mutter denn?«, wollte Hermine wissen.

»Das kann ich dir nicht sagen. Als meine Mutter krank wurde, war ich ja erst sechs Jahre alt. Abgesehen davon, dass man vor mir, dem Kind, nicht viel über die Mutter sprach, hat man mir zusätzlich eingeschärft, mit niemandem über sie zu reden, vor allem dürfe niemand wissen, dass sie in einer Nervenanstalt sei.«

Hermine wirkte sichtlich erschrocken. »Dann habe ich meiner Freundin all die Jahre über bitter Unrecht getan. Das tut mir leid. Weil ich sie nicht mehr um Verzeihung bitten kann, möchte ich mich dafür bei dir ausdrücklich entschuldigen.«

»Schon gut«, antwortete meine Mutter. »Das konntest du ja wirklich nicht ahnen, wie es um sie stand.«

Nach diesem langen Gespräch nahm sich Hermine Zeit, sich aufmerksam in der Küche umzuschauen. Dabei warf sie auch einen Blick aus dem Fenster. »Das ist ja schrecklich«, äußerte sie spontan. »Von hier sieht man von den Vorübergehenden ja nur die Beine bis zum Knie. Mein Gott, Helene, in diesem Kellerloch kannst du doch nicht bleiben!«

Mit Blick auf die kleine Christine, die brav vor sich hin spielte, fügte Hermine hinzu: »Das ist doch kein Aufenthaltsort für ein Kind. Es kriegt ja weder Sonne noch Luft.«

»Das ist uns auch klar«, bestätigte meine Mutter. »Aber was sollen wir machen? Eine Wohnung auf dem freien Wohnungsmarkt ist für uns unbezahlbar.«

Ehe Helene weiter ausführen konnte, hakte ihre Besucherin ein: »Wie ich sehe, werdet ihr bald ein zweites Kind haben. Dann wird es hier ja noch enger.«

Sie ließ sich durch den Rest der Wohnung führen. Außer der Küche gab es ein winziges Wohnzimmer und ein etwas größeres Schlafzimmer, in dem das Ehebett und das Kinderbett standen. Diese Entdeckung veranlasste die ehemalige Hebamme zu dem Ausruf: »Wie, ihr habt kein eigenes Kinderzimmer? Wo soll denn das zweite Kind schlafen? Hier ist ja kein Platz für ein weiteres Bett.«

»Nun ja, wir denken, am Anfang kann es tagsüber im Kinderwagen liegen. Der passt gerade noch ins Schlafzimmer. Am Abend lässt sich der leicht ins Wohnzimmer schieben. Bis es aus dem herausgewachsen ist, wird Christine schon fünf sein. Damit ist sie alt genug, um im Wohnzimmer auf der Couch zu schlafen. Dann kommt das neue Baby ins Kinderbett.«

»Und wo ist das Bad?«, erkundigte sich Hermine, nachdem Helene ihr einen winzigen Raum gezeigt hatte, in dem sich außer der Toilette nichts befand.

»Bad haben wir keines«, gestand meine Mutter. »Wir waschen uns halt in der Küche.«

»Nein, nein, Helene, das hört sich ja alles schrecklich an. Ihr könnt hier nicht mit zwei Kindern hausen. Ihr müsst so bald wie möglich raus aus diesem Loch.«

»Das ist leichter gesagt als getan. Mein Mann sucht schon seit Langem nach einer besseren Wohnung. Jeden Monat fragt er auf dem Wohnungsamt nach. Aber die Wohnungsnot in München ist noch immer sehr groß. Obwohl Wilhelm bei der Stadt arbeitet und auf der Liste der Wohnungssuchenden ziemlich weit oben steht, hat man ihm noch nichts angeboten. Immer heißt es, zuerst kommen die Familien mit mehreren Kindern dran. Andererseits hat diese Wohnung auch einen nicht zu verachtenden Vorteil.«

»Und der wäre?«, zeigte sich Hermine äußerst interessiert.

»Für diese Wohnung brauchen wir keine Miete zu zahlen, weil wir den Hausmeisterdienst machen«, antwortete meine Mutter, nicht ohne einen gewissen Stolz.

Hermine faltete ihre Hände wie zum Gebet und hielt sie sich senkrecht vor den Mund. Mit ernster Miene schaute sie geradeaus, als ob es in ihrem Kopf arbeite. Plötzlich erhellte ein Lächeln ihre Züge: »Helene, ich hab's! Ich kann es nicht zulassen, dass ihr so beengt wohnt und noch dazu im Keller, während unsere Villa fast leer steht. Im Dachgeschoss befindet sich eine hübsche Wohnung mit drei Zimmern, Küche und einem komfortablen Bad. Sie ist sonnendurchflutet mit einer wunderbaren Aussicht auf einen Park. Das ist etwas anderes, als immer nur vorbeihastende Beine zu sehen. Diese Wohnung wäre genau das Richtige für euch.«

»Das klingt gut«, antwortete meine Mutter verhalten. »Nur fürchte ich, dass wir uns diese Wohnung nicht leisten können.«

»Mach dir wegen der Miete keine Sorgen. Die Hausmeisterstelle in diesem Wohnblock gebt ihr auf und übernehmt bei uns die Hausmeisterarbeiten«, entschied sie kategorisch. »Dafür könnt ihr mietfrei wohnen.«

Helene bekam ganz glänzende Augen und konnte das Angebot kaum fassen. »Hermine, ist das dein Ernst?«, fragte sie vorsichtig.

»Das ist mein voller Ernst«, bestätigte Hermine Hess.

»Was wären unsere Aufgaben bei euch?«, zeigte sich meine Mutter höchst interessiert.

»Das Haus von oben bis unten in Ordnung halten und den großen Garten pflegen.«

»Für uns wäre das kein Problem. Um die Arbeiten im Haus würde ich mich kümmern, und im Garten könnte Wilhelm sich austoben. Er ist auf dem Land aufgewachsen und versteht was von Gartenarbeit.«

»Das ist ja großartig. Allerdings wäre da noch eine Bedingung. Würde es dir etwas ausmachen, unseren Sohn, der noch Student ist, zu verköstigen?«

»Keineswegs! In meinem Pflichtjahr habe ich jedoch nur die ›gut bürgerliche Küche‹ gelernt. Es war Kriegszeit, da fehlten allenthalben die Zutaten für die ›feine Küche‹.«

»Wo denkst du hin! Wenn unser Sohn gesunde Hausmannskost kriegt, ist er zufrieden. Mittags wird er eh in der Mensa essen. Du müsstest für ihn nur das Frühstück und das Nachtmahl richten. Das würde mich sehr beruhigen, wenn er bei dir regelmäßig gesundes Essen bekäme. Meine Befürchtung ist nämlich, dass er zurzeit weder richtig frühstückt noch richtig zu Abend isst. Vermutlich schiebt er sich, wenn er Hunger hat, ein Teilchen vom Bäcker rein oder eine Leberkäs-Semmel.«

Die beiden Frauen besprachen noch einige Einzelheiten, die mit der Verwaltung von Haus und Garten zu tun hatten.

Bevor Hermine sich verabschiedete, waren sie sich im Prinzip einig, trotzdem wandte Helene ein: »Dein Angebot ist wirklich verlockend. Ehe ich aber fest zusage, muss ich mit meinem Mann reden. Ich kann mir aber nicht vorstellen, dass er dagegen sein sollte. Dass ich ihn frage, ist reine Formsache. Männer wollen nicht übergangen werden. Der Mann ist es, der die Entscheidungen treffen möchte.«

Hermine lachte: »Ja, das kenne ich. Wenn ihr wollt, könnt ihr heute Abend noch bei uns vorbeikommen und euch alles anschauen, damit Wilhelm seine Entscheidung leichter fällt.«

Meine Mutter konnte es kaum erwarten, bis ihr Mann von der Arbeit kam, um ihn mit der guten Neuigkeit zu überfallen. Von dem Wohnungsangebot war er ebenso begeistert wie seine Frau. »Der Zeitpunkt könnte nicht besser gewählt sein«, konstatierte er. »Wir haben drei Monate Kündigungsfrist. Gleich morgen werde ich zum 1. September die Wohnung und die Hausmeisterstelle kündigen. Dann können wir es gerade noch schaffen, in der neuen Wohnung zu sein, bis das zweite Kind kommt.«

Obwohl er mit dieser Aussage anzeigte, dass er sich bereits entschieden hatte, ohne die Wohnung gesehen zu haben, legte er größten Wert darauf, noch am selben Abend zur Villa Hess zu fahren, um sich alles anzuschauen und um Hermine seine Entscheidung persönlich mitzuteilen. Zufällig hatte er sich einige Tage zuvor einen gebrauchten VW-Käfer gekauft, mit dem sie nun zur angegebenen Adresse fuhren.

Die alte Freundin von Therese hatte nicht übertrieben. Es war wirklich eine zauberhafte Wohnung mit voll eingerichteter Küche, einem Bad mit WC, Dusche, Wanne und Waschbecken. Auch in puncto Aussicht hatte Hermine nicht zu viel versprochen. Sie freute sich, dass Wilhelm spontan zusagte. Dann saß man noch eine Weile bei einem Gläschen Wein beisammen.

Meine Mutter hat mir in späteren Jahren mehrmals versichert, sie sei der festen Überzeugung, diese Wohnung habe sie ihrer Mutter zu verdanken. Weil sie zu ihren Lebzeiten für ihr Kind nicht viel habe tun können, habe sie es vom Himmel aus so gefügt, dass ihre alte Freundin Hermine sie besuchte und diese sie in ihr Haus aufgenommen habe.

Am 31. August bewerkstelligte mein Vater den Umzug mit einigen Freunden, die wie er bei der Stadt angestellt waren. Innerhalb einer Woche hatte meine Mutter in der neuen Wohnung alle Kisten, Kasten und Koffer ausgepackt und alles in den dafür vorgesehenen Schränken verstaut.

Sehr früh am folgenden Morgen erwachte meine Mutter, weil sie ein Ziehen im Kreuz verspürte. Zunächst schob sie das auf die anstrengenden Tätigkeiten in den Vortagen. Nach einer Stunde überfiel sie der Schmerz erneut, aber so stark, dass er sich als Wehe nicht mehr übersehen ließ. Mein Vater fuhr sie gleich ins nächstgelegene Krankenhaus. Wie der Zufall es wollte, war es das Krankenhaus des Dritten Ordens in Nymphenburg, in dem meine Großmutter Therese genau vierzig Jahre zuvor ihre Schwesternausbildung abgeschlossen hatte.

Bevor meine Eltern sich auf den Weg zur Klinik machten, hatte mein Vater Klein-Christine in Hermines Obhut gegeben. Diese war eigens einige Tage vor dem errechneten Geburtstermin nach München gekommen, weil sie das Kind betreuen wollte, während Helene im Wochenbett lag. Wie man mir berichtet hatte, war meine Schwester begeistert zu Tante Hermine gegangen. Damit sich das Kind an sie gewöhne, hatte sie es in den Tagen vorher zunächst einige Male unterm Dach besucht und später stundenweise zu sich in die Wohnung genommen. So waren die beiden schon regelrecht angefreundet, als Helene in die Klinik musste.

Meine Mutter war zwar mit starken Wehen eingeliefert worden, aber schon bald wurden diese immer schwächer. Deshalb empfahl man ihr, auf dem geräumigen Klinikgelände spazieren zu gehen. Das muss gewirkt haben, denn um 16.45 Uhr tat ich im Kreißsaal meinen ersten Schrei. Dass ich kein Bub war, darüber waren meine Eltern nicht enttäuscht. Sie waren glücklich, dass ich pumperlgesund war, und sie nannten mich Helene, nach meiner Mutter.

Als meine Mutter mit mir von der Klinik nach Hause kam, kümmerte sich Hermine weiterhin rührend um sie und ihre beiden Töchter. Sie erklärte, weil sie ihrer Freundin Therese, alias Wilfrieda, nichts Gutes mehr tun könne, sei sie froh, dies an deren Tochter und Enkelinnen nachholen zu können.

Das Leben in der Villa Hess muss sich großartig eingespielt haben. Mutter sorgte dafür, dass im Haus immer alles blitzte und blinkte, einschließlich der Fenster. Sie wusch auch regelmäßig die Gardinen und hängte sie wieder auf. Das Waschen der übrigen Wäsche machte keine große Mühe, im Keller gab es bereits eine vollautomatische Waschmaschine. Bügelmaschine gab es allerdings noch nicht, also glättete meine Mutter die Wäsche mit einem elektrischen Bügeleisen.

Vater verwandelte unterdessen den Garten in ein blühendes Paradies, legte aber auch einen Nutzgarten an, der unter seiner Pflege prächtig gedieh. Daher gab es auf Helenes Esstisch monatelang frischen Salat und Gemüse. Werner, der Sohn des Hauses, nahm, wie seine Mutter angekündigt hatte, bei uns das Frühstück und das Abendessen ein. Ihm und uns schmeckte es vorzüglich, und seine Mutter glaubte zu beobachten, dass er seitdem viel gesünder aussehe. Wir Kinder genossen seine Gesellschaft sehr. Er war nämlich ein lustiger Kerl und machte seine Späßchen mit uns kleinen Mädchen. Zusätzlich fotografierte er uns ausgiebig in allen möglichen Posen. Soweit ich mich erinnere, absolvierte er ein Ingenieurs-Studium, aber sein großes Hobby war das Fotografieren. Er besaß nicht nur mehrere aufwendige Kameras, sondern auch einen VW-Bus, in dem er nächtigen konnte. Damit unternahm er ausgedehnte Reisen durch ganz Europa, um überall Fotos zu schießen.

In diesem Zusammenhang schnappte ich zum ersten Mal die Begriffe »Alpen« und »Italien« auf, konnte mir allerdings nichts darunter vorstellen. Es war die Rede davon, dass er die Alpen überquert und in Italien tolle Aufnahmen gemacht habe. Er muss wirklich großartige Bilder geschossen haben, denn er konnte immer wieder Fotos an Illustrierte und Magazine verkaufen. Damit verdiente er sich ein schönes Zubrot und musste seinem alten Herrn nicht ständig auf der Tasche liegen. Die Fotos, die er von meiner Schwester und mir aufgenommen hatte, konnte er ebenfalls zu Geld machen. Seine Devise: »Fotos von niedlichen Kindern gehen immer.« Demnach haben wir bereits in jungen Jahren eine gewisse Berühmtheit erlangt, indem wir in Illustrierten und auf Kalendern zu bewundern gewesen waren. Wieso das schöne Leben in der Villa plötzlich zu Ende war, bekam ich als Dreijährige nicht mit.

Erst Jahre später erzählte mir meine Mutter, dass sie 1963 aus der Dachgeschosswohnung der Villa in den zweiten Stock eines Mehrfamilienhauses gezogen seien. Dem Vater war überraschenderweise – oder besser gesagt, endlich – eine Sozialwohnung angeboten worden. Bevor es an den Umzug ging, diskutierten meine Eltern heftig darüber, ob sie dieses Angebot annehmen sollten oder nicht. Innerhalb weniger Tage mussten sie sich entscheiden.

Verwundert fragte ich meine Mutter, als sie mir in späteren Jahren davon berichtete: »Was hat euch denn letztlich dazu bewogen, die Sozialwohnung anzunehmen? Bei Tante Hermine haben wir doch wie im Paradies gelebt und mietfrei obendrein.«

»Genau das war der Punkt«, erklärte die Mutter. »Das machte uns die Entscheidung so schwer. In der Sozialwohnung mussten wir zwar Miete zahlen, wenn diese im Vergleich zum freien Markt auch äußerst günstig war, bei Hermine dagegen zahlten wir nichts, deshalb wäre ich gerne dortgeblieben. Dein Vati aber dachte weiter. Wenn wir diese Wohnung jetzt ausschlagen, meinte er, wird man uns nie wieder eine anbieten. Über kurz oder lang wird aber der Tag kommen, an dem Familie Hess uns vor die Tür setzt, weil ihr Sohn heiratet und die Dachwohnung selbst nutzen möchte.«

Nachdem sich meine Eltern zu der Sozialwohnung durchgerungen hatten, kündigten sie bei Hermine. Diese war davon nicht gerade begeistert, denn sie wusste, so schnell würde sie nicht wieder jemanden finden, der so tüchtig und zuverlässig war wie Helene und Wilhelm.

Dennoch hielt sie den Kontakt zu uns aufrecht. Sie besuchte uns hin und wieder und lud uns auch mal zu sich ein. Bald kam es wirklich so, wie mein Vater befürchtet hatte, der Sohn heiratete und bezog die Dachgeschosswohnung. Als ich etwas älter geworden war, interessierte es mich natürlich, wieso wir überhaupt einige Jahre in der Villa gewohnt hatten. Da erfuhr ich von meiner Mutter die Geschichte, wie Hermine eines Tages bei ihr in der Kellerwohnung aufgetaucht war. Als ich auf der Suche nach Spuren von meiner Großmutter war, besuchte ich natürlich auch Hermine und ließ mir Näheres über ihre gemeinsame Zeit in der Schwesternschule erzählen.

Für die neue Wohnung mussten meine Eltern also Miete zahlen. Um das Geld dafür aufzubringen, ging meine Mutter zu einigen wohlhabenden Familien als Zugehfrau, hauptsächlich zum Putzen und Bügeln und weniger zum Waschen. Denn mittlerweile hatten die bessergestellten Leute eine Waschmaschine. Mutti konnte unbesorgt ihrer Arbeit nachgehen, denn ich besuchte mittlerweile den Kindergarten und meine Schwester die Schule. Mit der Zeit wurde meiner Mutter das viele Putzen aber zu anstrengend, deshalb suchte sie nach einer Tätigkeit, bei der sie sitzen konnte. Diese fand sie sehr bald beim Postsparkassenamt. Dort bearbeitete sie tagaus tagein Postsparbücher. In dieser Zeit freundete sie sich mit einigen Kolleginnen an, und die Kontakte blieben über viele Jahre hinweg bestehen, auch als sie nicht mehr bei der Post angestellt war. Beim Sparkassenamt war sie nur von 1970 bis 1975 beschäftigt. Warum sie dann die Stelle gewechselt hat, weiß ich nicht. Jedenfalls arbeitete sie ab 1975 im Privathaushalt des Besitzers einer großen Firma als Büglerin.

Wie ich bereits anfangs erzählt habe, arbeitete sie in dieser Zeit an jedem Samstag zusätzlich im Haus ihrer Stiefmutter. Sie putzte dort und wechselte die Bettwäsche, bis sie 1980 ganz einzog. Doch ehe es so weit war, gab es noch zwei erfreuliche Ereignisse in unserer Familie. Im November 1977 hatten meine Eltern ihre Silberhochzeit. Diese feierten sie in einem Restaurant, aber nur in einem winzigen Kreis. Außer uns Kindern war nur eine Cousine meiner Mutter eingeladen. Zwei Jahre später, im Sommer 1979, heiratete meine Schwester ihren Wolfgang. Die beiden feierten in wesentlich größerem Rahmen, mit zahlreichen Verwandten und den vielen beiderseitigen Freunden.

Wie bereits erwähnt, verkauften meine Eltern 1981 das Haus in Reit im Winkl und erstanden stattdessen ein Haus in Engelsberg im Kreis Traunstein, etwa 35 Kilometer nördlich der Kreisstadt gelegen. Dort zogen sie ein, nachdem mein Vater in Rente gegangen war.

»Warum seid ihr nicht in Mutters Elternhaus gezogen?«, wollte ich wissen.

»Ach, weißt du, an dem Haus hängen zu viele traurige Erinnerungen für mich«, war Muttis Erklärung.

Meiner Meinung nach war es nicht nur das. Vermutlich wollte sie nicht in ihrem Heimatdorf wohnen, weil sie befürchtete, dort gäbe es zu viele Bekannte, die sie nach ihrer Mutter hätten fragen können.

Im Jahre 1984 kam Lea, das erste Kind meiner Schwester und damit für meine Eltern das erste Enkelkind zur Welt. Ab da waren mein Vater und meine Mutter begeisterte Großeltern. Auch über ihre beiden nächsten Enkelkinder, den Max, geboren 1985, und Hanna, die 1990 das Licht der Welt erblickte, freuten sie sich sehr.

Leider hatten das Alter und die jahrelange Putztätigkeit bei meiner Mutter gesundheitliche Schäden hinterlassen. Sie litt zunehmend unter Schmerzen in der linken Hüfte und im linken Knie, sodass ihr das Laufen immer schwerer fiel. 1996, die Schmerzen waren mittlerweile unerträglich geworden, unterzog sie sich einer Hüftgelenksoperation, und im Jahr darauf ließ sie sich ein neues Kniegelenk einsetzen. Einige Wochen danach war sie wieder einigermaßen gut zu Fuß.

Im Mai 2000 gab es wieder eine Hochzeit in der Familie, nämlich die meine. Nachdem ich es mir reiflich überlegt hatte, heiratete ich meinen Klaus. Einige Monate nach unserer Hochzeit verkauften meine Eltern – für mich völlig überraschend – ihr Haus in Engelsberg. Die Haus- und Gartenpflege war ihnen zu anstrengend geworden, sie waren immerhin 74 und 78 Jahre alt. Vermutlich war es ihnen dort auf die Dauer auch zu ländlich, zu wenige Geschäfte, keine ausreichende medizinische Versorgung. In Bad Reichenhall kauften sie sich eine Eigentumswohnung, die sie bald bezogen. Der Wohnungswechsel geschah nicht nur aufgrund der besseren Infrastruktur am Ort, sondern auch, weil dort noch eine Freundin lebte, die meine Mutter aus ihrer Zeit als Bäckerei-Verkäuferin kannte. Der Hauptgrund für den Umzug war vermutlich, dass sie in der Nähe von Christine leben wollten. Meine Schwester wohnte nämlich mit ihrer Familie in einem Dorf ganz nah bei Bad Reichenhall. So konnte sich die Tochter ein wenig um ihre Eltern kümmern, und diese hatten die Gelegenheit, ihre Enkel öfter zu sehen.

Zwei Jahre später, im November 2002, hatten meine Eltern Goldene Hochzeit. Zu einer Feier kam es jedoch nicht, weil meine Mutter wieder im Krankenhaus lag. Das rechte Hüftgelenk hatte ihr so zu schaffen gemacht, dass sie wieder operiert werden musste. Der einzige Lichtblick in diesem Jahr war für sie, dass Claudia, meine Tochter, geboren wurde, also Enkelkind Nummer vier für meine Eltern. Sie freuten sich riesig, weil sie schon gar nicht mehr damit gerechnet hatten. Zu dieser Zeit waren die Kinder meiner Schwester schon groß und über das Alter hinaus, in dem sie großes Interesse an den Großeltern bekunden. Claudia hat meinen Eltern in ihrem hohen Alter viel Freude bereitet. Als sie noch ein Baby war, haben uns meine Eltern oft in München besucht, oder ich bin mit der Kleinen nach Bad Reichenhall gefahren. Mir war es wichtig, dass sie viel Zeit mit meiner Tochter verbringen. Denn liebevolle Großeltern sind ein Geschenk, das mir in der Kindheit nicht zuteil geworden war. Meine Großmutter Therese war so jung gestorben, dass ich sie gar nicht mehr kennenlernen konnte, und wurde zudem vor mir verheimlicht. Auch Großvater Stefan starb für mich viel zu früh, und Katharina, meine Stiefgroßmutter, hatte eine Abneigung gegen kleine Kinder. Adelheid, die Mutter meines Vaters, war, wie wir wissen, ebenfalls keine liebevolle Oma.

Gegen Ende eines Besuches meiner Eltern in München, fragte die kaum dreijährige Claudia: »Opa, darf ich heute mit nach Bad Reichenhall fahren?« Der Opa, freudig überrascht, antwortete: »Freilich darfst du mitfahren.«

Mein Mann und ich wurden vom Opa über den soeben gefassten Plan unserer Tochter informiert. Sogleich begann ich, ein paar Sachen für sie zusammenzupacken, was man halt als Übernachtungsgast so braucht: Schlafanzug, Schlafsack, Zahnbürste und Wäsche zum Wechseln. Bald waren Claudia und ihr Gepäck im Auto verstaut. Wehmütig standen ihr Vater und ich neben Opas Auto, und unsere Tochter schaute aus ihrem rasch eingebauten Kindersitz zu uns heraus. Es kam uns vor, als schaue sie ein bisschen unsicher, aber wir Eltern winkten ihr zum Abschied fröhlich zu, um ihr Mut zu machen.

Nach außen tat ich ganz cool, aber innerlich war mir recht elend zumute. Für mich war es nicht leicht, mein einziges Kind in einem Auto davonfahren zu sehen, das von einem Mann in den Achtzigern gesteuert wurde. Mein Vater war noch überaus rüstig für sein Alter und fuhr erstaunlich sicher, obwohl ich seit einiger Zeit altersbedingte Defizite an ihm wahrnehmen konnte. Zum Glück rief er mich noch am selben Abend an. Erleichtert nahm ich zur Kenntnis, dass sie wohlbehalten in Bad Reichenhall gelandet waren.

Am anderen Tag fuhren mein Mann und ich frohgemut zur Wohnung meiner Eltern, um unser Kind wieder abzuholen. Meine Mutter wusste nur Gutes zu berichten. Begeistert erzählte sie mir, dass sich Gastkind Claudia vorbildlich verhalten habe. Sie sei immer brav und folgsam gewesen, sodass meine Eltern leichtes Spiel mit ihr gehabt hatten. Das konnte ich kaum glauben, denn daheim zeigte sich die Kleine absolut nicht »pflegeleicht«. Meine Eltern dagegen konnten nicht glauben, dass Claudia zu Hause kein so braves Kind war. Meine Schilderungen von Machtkämpfen mit dem kleinen Trotzkopf hielten sie für frei erfunden.

Später fanden wir auch heraus, was die Motivation für Claudias ersten spontanen Ausflug mit Opa gewesen war. Es waren die Goodies, (auf Bayerisch Guatl und auf Hochdeutsch Süßigkeiten), die meine Mutter im Auto immer griffbereit hatte.

Nach diesem »Probe-Aufenthalt« ist unsere Tochter noch öfter allein bei meinen Eltern gewesen, entweder holte ihr Großvater sie ab, oder wir brachten sie hin. Sie blieb immer zwei bis drei Tage. Danach war sie aber auch jedes Mal froh, wenn wir sie wieder abholten.

Die drei hatten viel Spaß miteinander. Einmal, so wurde mir berichtet, hatte meine Mutter bei Tisch mit Blick auf die Fleischpflanzl (Frikadellen), die sie fertig im Supermarkt erstanden hatte, vor sich hingemurmelt: »Was mag da wohl drin sein?«

»Konservierungsstoffe«, antwortete die Vierjährige wie aus der Pistole geschossen.

Das Wort »Konservierungsstoffe« hatte sie vermutlich bei ihrem Papa aufgeschnappt, als der beim Einkaufen ein Etikett hörbar studierte. Darüber wurde noch oft herzhaft gelacht. Überhaupt gaben uns Aussprüche unserer Tochter immer wieder Anlass zur Heiterkeit. Für ihr jugendliches Alter hatte sie einen wirklich ungewöhnlichen Wortschatz, der uns immer wieder in Erstaunen versetzte.

Während dieser Zeit hatte sich Mutters rechtes Knie verschlechtert, sodass auch dieses 2005 durch ein künstliches Gelenk ersetzt wurde. Nachdem sie vom Krankenhaus daheim war, blieb ich mit meiner Tochter einige Wochen bei ihr, um sie zu pflegen und den Haushalt zu machen. Sie genoss es sehr, dass sie ihre kleine Enkelin täglich um sich hatte. Die Abende – wenn Claudia in ihrem Bettchen lag – genossen Mutti und ich. Dann erzählte sie mir Episoden aus ihrer Kindheit, berichtete von ihrer beruflichen Laufbahn und auch, wie sie Vati kennengelernt hatte. Während dieser Gespräche machte ich mir Notizen über ihr Leben, um ihre Erlebnisse für ihre Enkel festzuhalten. Über alle Themen sprach sie frank und frei, nur wenn ich auf ihre Mutter zu sprechen kam, blockte sie ab. Nie war ich mir sicher, ob sie nicht darüber reden wollte oder ob sie wirklich nichts wusste.

Die intensive Phase zwischen der Enkelin und ihren Großeltern endete leider, als Claudia in die Schule kam. Zum einen war sie zeitlich nun sehr gebunden, zum anderen waren meine Eltern mittlerweile zu alt geworden, um die strapaziöse Reise über die Autobahn von und nach München machen zu können. Auch fühlte sich meine Mutter bald nicht mehr in der Lage, einen kleinen Übernachtungsgast zu beherbergen.

Dennoch war sie mit ihren beiden neuen Hüften und den neuen Knien erstaunlich gut zu Fuß. Im Januar 2010 hatte sie allerdings Pech. Nach einem Routinebesuch bei ihrem Arzt rutschte sie an der Bushaltestelle im Schnee aus und landete auf der rechten Körperseite. Es war zwar nichts gebrochen, aber sie hatte monatelang Schmerzen in der Hüfte. Im Mai darauf erlitt sie nach einem Arztbesuch erneut einen Unfall. Diesmal ging es nicht so glimpflich aus. Als sie die Arztpraxis verließ, regnete es in Strömen. Deshalb spannte sie ihren Schirm auf. In dem Moment, als sie die Einfahrt der alten Saline passierte, kam ihr ein Fußgänger entgegen, dem sie ausweichen wollte. Wegen des geöffneten Schirms sah sie nicht, dass sie sich unter der Autoschranke der Parkplatz-Einfahrt befand. Die Schranke senkte sich just in dem Augenblick, als meine Mutter darunter hindurchging und drückte sie ungebremst nieder. Sie landete unsanft auf dem Boden, wobei sie instinktiv versuchte, sich mit der rechten Hand abzustützen. Dabei brach sie sich das Handgelenk.

Es dauerte viele Wochen, bis der Bruch verheilt war und sie die Hand wieder normal gebrauchen konnte. Wenig später überfiel sie ein neues Leiden. Sie bekam Probleme mit der Atmung und wurde von ihrem Hausarzt ins Krankenhaus eingewiesen. Dort untersuchte man Herz und Lunge. Organisch war aber nichts festzustellen. Die Ärzte meinten, das Leiden sei psychischer Natur, und diagnostizierten Panikattacken.

Nach der Krankenhausentlassung beobachteten wir bei Mutti Symptome, die uns gar nicht gefielen: Gangunsicherheit, Vergesslichkeit, Unruhe. Also kam sie wieder in die Klinik. Nach einigen Tagen stellte eine junge Ärztin die Diagnose Parkinson. Mit Medikamenten bekam man das einigermaßen in den Griff. Allerdings konnte sie im Haushalt kaum mehr etwas tun, ja, stattdessen benötigte sie sogar selbst

Pflege. Da muss ich meinen Vater bewundern. Er machte nicht nur den ganzen Haushalt, er pflegte seine Frau auch liebevoll.

Doch auch er kam nicht ungeschoren davon. Im März 2012 stellte man bei ihm ein Blasenkarzinom fest. Nach der Operation musste er noch eine Strahlentherapie über sich ergehen lassen. Danach ging es ihm einigermaßen gut. Am 29. November desselben Jahres war das Paar sechzig Jahre verheiratet. Leider waren beide zu krank, um die Diamantene Hochzeit gebührend feiern zu können. Wir Töchter kamen mit unseren Familien, um diesem Tag doch ein wenig Bedeutung zu geben.

Zwei weitere Jahre wurschtelten sich meine Eltern noch durch. Dann entschlossen sie sich, in ein Seniorenheim zu gehen. Vati organisierte alles hinter unserem Rücken und stellte uns vor die vollendete Tatsache. Seine Begründung war: Wir wollen unseren Kindern nicht zur Last fallen. In dem selbst gewählten Heim fühlten sie sich recht wohl. Sie genossen die Rundum-Versorgung, und Vati schob die Mutti fast täglich mit dem Rollstuhl im Freien herum, selbst bei leichtem Regen oder Schneefall. Ihre Kleidung passten sie halt der Witterung an.

Am 15. Januar 2019 wachte meine Mutter am Morgen nicht mehr auf. Immerhin hatte sie das schöne Alter von 92 Jahren erreicht. Der Tod seiner Frau war für den Vati nicht nur ein seelischer Schlag, er bekam den Verlust auch körperlich zu spüren. Da er sie bisher immer im Rollstuhl herumgefahren hatte, war ihm gar nicht aufgefallen, dass er eigentlich einen Rollator gebraucht hätte, um sich daran festzuhalten. Nun war es höchste Zeit für ein solches Gerät, damit er sich weiterhin im Freien bewegen konnte. Er überlebte seine Frau fast um zwei Jahre und starb am 28. Dezember 2020 im gesegneten Alter von 98 Jahren.

Helene, unsere Mutti, hat zwar ohne die Liebe und Fürsorge einer Mutter aufwachsen müssen, zum Ausgleich dafür hat ihr das Schicksal aber einen liebevollen und fürsorglichen Ehemann geschenkt, mit dem sie sehr glücklich war. Bis zu ihrem Tode, nach 67 Ehejahren, war er nicht von ihrer Seite gewichen. Ein solches Glück ist nur wenigen Menschen beschieden.

Der Stolperstein

Seit dem ersten Treffen der Nachkommen von Euthanasie-Opfern in München kommen wir in kleinem Kreis viermal im Jahr zusammen. Meist sind wir acht bis zehn Leute. Wir tauschen uns über das aus, was mittlerweile jeder über seine Angehörigen herausgefunden hat, oder geben uns gegenseitig Anregungen, welche Wege man sonst noch beschreiten könnte, um weitere Erkenntnisse zu gewinnen.

Anlässlich des »Tages des Gedenkens an die Opfer des Nationalsozialismus«, der immer am 27. Januar stattfindet, wurde unsere Gruppe im Jahre 2017 sogar nach Berlin in den Bundestag eingeladen. Dort durften wir an der Gedenkstunde teilnehmen. Es war ein sehr feierlicher Rahmen, mit getragener Musik von Streichinstrumenten. Einige Politiker und andere Persönlichkeiten hielten Ansprachen, darunter war auch ein behinderter Mann.

Im Rahmen unserer Runde, die sich immer samstags von 10 bis 13 Uhr im NS-Doku-Zentrum in München trifft, fielen die Wörter »Stolperstein« und »Demnig«. Da dämmerte es mir, dass ich diese Begriffe schon mal in der Zeitung gelesen hatte, im Zusammenhang mit jüdischen Mitbürgern, die durch die Hand der Nazis ermordet worden waren. Von einem Gunter Demnig war die Rede gewesen, der an verschiedenen öffentlichen Plätzen »Stolpersteine« aus Messing verlegte, um das Andenken an die Opfer des Dritten Reiches lebendig zu halten. Für mich war es neu, dass dieser Künstler auch bereit war, solche Gedenksteine für Euthanasie-Opfer zu verlegen. Dieser Gedanke ließ mich nicht mehr los. Sobald ich daheim war, suchte ich im Internet nach der Adresse des Mannes und nahm umgehend Kontakt mit seinem Büro auf. Einem Mitarbeiter schilderte ich mit wenigen Worten das Schicksal meiner totgeschwiegenen Großmutter.

»Und was ist nun Ihr Anliegen?«, fragte er.

Ich erklärte ihm, dass ich von der »Stolperstein-Aktion« gehört hatte, und fragte an, ob Herr Demnig bereit wäre, einen solchen Gedenkstein auch in Reit im Winkl zu verlegen, damit meine Großmutter aus der Vergessenheit herausgeholt werde. Er werde meinen Wunsch dem Künstler vortragen, versprach er mir. Zuvor müsse ich aber einige Unterlagen schicken, aus denen hervorgehe, dass alles abgesichert sei.

Wie froh war ich, dass ich mittlerweile die Kopien von den verschiedenen Stationen des Leidensweges meiner Großmutter besaß. In Demnigs Büro wurde alles sorgfältig geprüft. Ein Mitarbeiter erklärte mir sodann, dass der Verlegung eines Stolpersteines für meine Großmutter nichts im Wege stehe. Ich müsse mich nun darum kümmern, in ihrem Heimatdorf eine geeignete Stelle zu finden. Die Gedenksteine würden nur auf öffentlichen Plätzen verlegt, deshalb sei die Genehmigung der Kommune einzuholen.

Nach nur kurzem Überlegen schien der einzige dazu geeignete Platz der Bürgersteig vor dem Haus zu sein, das mein Großvater Stefan mit Großmutter Therese unter großen Entbehrungen 1928 gebaut hatte, und in dem ich so oft aus- und eingegangen war. Dieses Haus war zwar schon viele Jahre zuvor wegen »Altersschwäche« abgerissen und durch ein neues, stattlicheres Gebäude ersetzt worden. Dieses stand aber genau an der Stelle, wo Therese einige glückliche Jahre verbracht hatte.

Sobald es mir möglich war, suchte ich den Bürgermeister der Gemeinde auf, nannte ihm meinen Wunsch und schilderte ihm meine Beweggründe dafür. Er war nicht abgeneigt. Doch er meinte, es sei keine gute Idee, den Gedenkstein auf dem Bürgersteig zu verlegen. Dieser werde nämlich durch den gemeindeeigenen Schneepflug geräumt, und dabei würde die Messingplatte zerkratzt. Das leuchtete mir ein. Also wandte ich mich noch am selben Tag an die Familie Türk, die seit einigen Jahren in dem Haus lebt. Die Bewohner waren sehr entgegenkommend und erlaubten, den Stein auf ihrem Privatgrund vor dem Haus verlegen zu lassen.

Nachdem das geklärt war, kontaktierte ich erneut das Büro des Künstlers und schilderte dem Mitarbeiter die neue Situation.

»Nein«, blockte dieser entschieden ab. »Das kommt gar nicht infrage. Herr Demnig verlegt die Gedenksteine ausschließlich auf öffentlichen Plätzen, damit sie für jedermann sichtbar und zugänglich sind. Nur damit können sie ihren wirklichen Zweck erfüllen, nämlich Erinnerungen wachzurufen bzw. wachzuhalten. Dass die Angehörigen an die Verstorbenen denken, ist selbstverständlich. Aber die Erinnerung an die Opfer aus der NS-Zeit soll eben nicht ins Private abgedrängt werden.»

Von diesen Worten ließ ich mich nicht entmutigen. Bei meinem nächsten Besuch in Reit im Winkl fotografierte ich das Haus mit der davorliegenden Parzelle, die unmittelbar an den Bürgersteig grenzt. Dieses Foto schickte ich an das Büro des Künstlers. Es war deutlich zu erkennen, dass der Bürgersteig nahtlos in das Privatgrundstück übergeht, sodass jeder Passant den Gedenkstein sehen musste und nicht unterscheiden konnte, ob er sich auf privatem oder auf öffentlichem Grund befinde. Das muss den Meister überzeugt haben. Denn schon bald ließ er mir durch sein Büro mitteilen, dass er bereit sei, den Stolperstein für meine Großmutter zu verlegen.

Nun musste ich warten, bis das Büro mir einen Termin nannte. Gunter Demnig ist vielbeschäftigt und verlegt Stolpersteine in ganz Europa, deshalb muss er seine Reiserouten immer sehr sorgfältig planen. Anderthalb Jahre nach meiner ersten Kontaktaufnahme hatte ich endlich einen Termin. Es war der 26. September 2020. Der Stein sollte aber nicht still und heimlich verlegt werden, sondern in einer Feierstunde, an der möglichst viele Dorfbewohner teilnehmen konnten.

Wieder suchte ich den Bürgermeister der Gemeinde auf. Er zeigte sich sehr kooperativ und ebnete nicht nur den Weg für den geplanten Festakt, er stellte auch spontan den Festsaal der Gemeinde für die Feier zur Verfügung. Zusätzlich veranlasste er, dass durch Berichte in der Tageszeitung und im Gemeindeblatt darauf hingewiesen wurde.

Nachdem das alles geklärt war, machte ich mich daran, einige Leute einzuladen, die mir für eine solche

Sache bedeutsam und kompetent erschienen. Es waren Leute, die ich im Zuge meiner Recherchen kennengelernt hatte und von denen ich annahm, dass sie eine entsprechende Rede halten würden. Zu meiner Freude sagte mir die Historikerin Dr. Sybille von Tiedemann sofort zu und Dr. Michael Rentrop, der Chefarzt des kbo-Inn-Salzach-Klinikums Wasserburg, ebenfalls.

In dem gut besetzten Saal trat als Erster der Bürgermeister ans Rednerpult. Er begrüßte die Anwesenden und dankte für ihren Besuch und ihr Interesse an dieser Veranstaltung.

Dann überließ er mir das Mikrofon. Natürlich war ich aufgeregt, als ich vor das Publikum trat. Zunächst bedankte ich mich beim Bürgermeister für die Kooperation, das Bereitstellen des Festsaales und seine Begrüßungsworte. Auch verlieh ich meiner Freude darüber Ausdruck, dass der namhafte Künstler Günter Demnig (mittlerweile hat er über 75.000 Stolpersteine verlegt), bereit war, die Messingplatte für meine Großmutter anzufertigen und eigenhändig zu verlegen. Danach erzählte ich anhand eines Folienvortrages in Kurzfassung aus dem Leben meiner Großmutter.

Nach mir berichtete Frau Dr. von Tiedemann über ihre Nachforschungen in Sachen Euthanasie. Herr Dr. Rentrop beleuchtete den historischen Hintergrund der Psychiatrie in der nationalsozialistischen Zeit.

Danach ergriff der Bürgermeister erneut das Wort. Unter den Festteilnehmern begrüßte er besonders den 96-jährigen Franz Schlechter, einen verdienten Reit im Winkler Bürger, der seit Jahren Träger des Ehrenringes der Gemeinde ist. Was aber zusätzlich erwähnenswert war: Er war ein »Kind«, dem Therese Mühlberger im Jahre 1924 ans Licht der Welt geholfen hat.

In seinem Schlusswort wies der Bürgermeister darauf hin, dass man sich nun zu dem Grundstück begebe, wo der Stolperstein verlegt werde.

Alle Besucher bewegten sich nun in Richtung Weitseestraße, um dem feierlichen Akt beizuwohnen, obwohl an diesem Tag das schlechteste Wetter war, das man sich Ende September vorstellen kann. Es war kalt und vom Himmel fiel Schneeregen.

Günter Demnig verlegte den Stolperstein eigenhändig vor dem Hause Türk. Dieser trägt die Inschrift:

Hier wohnte
Therese
Mühlberger
geborene Mühlberger
Jg. 1898
eingewiesen 1933
Heilanstalt Gabersee
»VERLEGT« 7. November 1940
HARTHEIM
ERMORDET 7. November 1940
»AKTION T4«

Neben der Messingplatte wurden zwei Pfosten aus Edelstahl aufgestellt, zwischen denen eine Tafel angebracht wurde mit einer Kurzfassung von Thereses Lebenslauf.

Heute kann ich verstehen, warum Thereses Angehörige die Krankheit und das traurige Ende meiner Großmutter verheimlicht haben. Eine solche Krankheit sah man als Makel an und wagte es nicht, zuzugeben, dass ein Familienmitglied daran litt. Da sich die Erkrankung darin zeigte, dass Therese geistig immer mehr verfiel, befürchtete die Familie, Außenstehende könnten glauben, es handle sich um eine erbliche Krankheit. Womöglich hätte man fortan alle anderen Mitglieder von Thereses Familie gemieden oder zumindest argwöhnisch beobachtet, um zu erkennen, ob nicht bei ihnen auch der geistige Verfall in Erscheinung trete.

Wenn meine Großmutter zwischen 1932 und 1940 auch ihr geistiges Leben nach und nach verloren hat durch die abscheuliche Krankheit, die sie sich in Ausübung ihres Berufes zugezogen hat, und wenn ihr auch durch ein Verbrechen der Nazis im November 1940 ihr leibliches Leben geraubt wurde, so lebt sie doch in ihren Nachkommen weiter. Zudem bleibt sie in unseren Herzen lebendig.

Durch das Verlegen des Gedenksteins wollte ich erreichen, dass die Wahrheit über die ehemalige Hebamme von Reit im Winkl endlich ans Licht kommt und dass sie bei allen, die über diesen Stein »stolpern« und auf der Gedächtnistafel ihre Kurzbiografie lesen, in Erinnerung bleibt. Aber nicht nur das: Therese Mühlberger soll stellvertretend für alle anderen Opfer des NS-Regimes stehen, damit diese nicht in Vergessenheit geraten.

Stammtafel von Georg Mühlberger

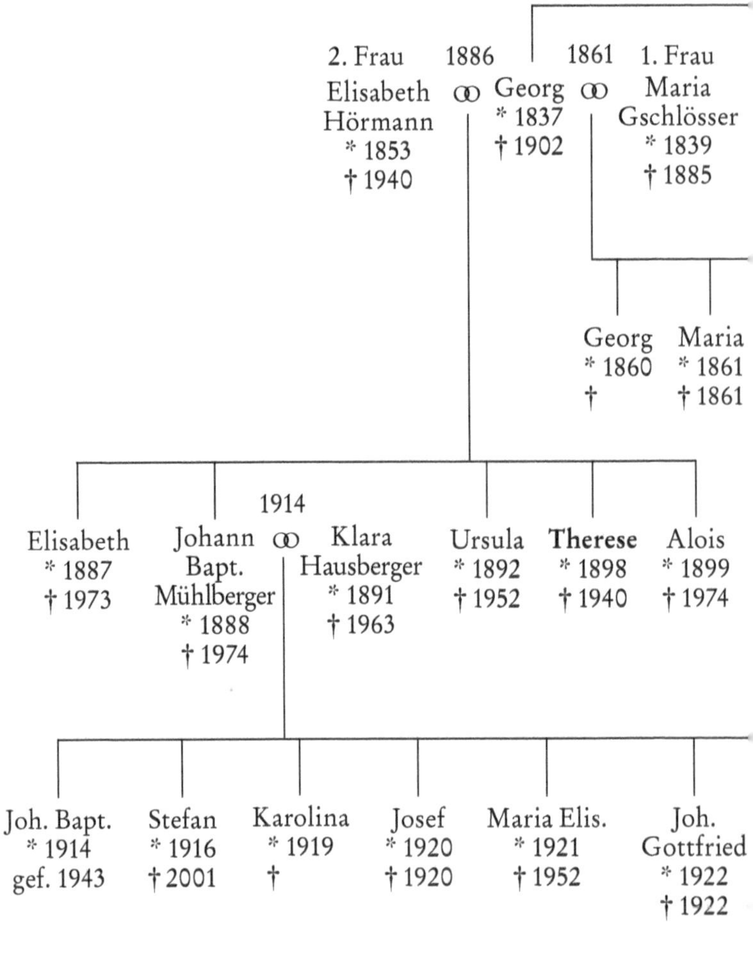

1833
Georg ∞ Anna Weißenbacher
* 1799 — * 1800
† 1853 — † 1867

Maria	Maria	Katharina	Anonymus	Lorenz
* 1839	* 1841	* 1844	* 1844	* 1846
† 1839	†	† 1844	† 1844	†

Joseph	Maria	Katharina	Katharina	Anna	Therese	Apollonia
* 1863	* 1864	* 1865	* 1866	* 1868	* 1869	* 1871
†	†	† 1865	†	†	† 1869	†

Georg	Monika	Josef	Theresia	Sebastian	Anna
* 1923	* 1924	* 1925	* 1927	* 1929	* 1932
† 1924	† 1957	† 2010	† 1955	†	† 2018

1795
Lorenz ⚭ Anna Lehrberger
* 1767 † 1822 — * 1766 †

1825
Lorenz ⚭ Elisabeth Schlechter
* 1797 † 1868 — * 1797 † 1872

Josef

1862
Lorenz ⚭ Anna Millner
* 1826 † 1891 — * 1835 † 1924

Johann
* 1827 † 1849

1891
Lorenz ⚭ Anna Nothegger
* 1865 † 1951 — * 1870 † 1930

Georg
* 1875 verungl. 1933

Anna
* 1892 † 1979

Ursula
* 1893 † 1969

Helene
* 1894 † 1966

Lorenz
* 1895 † 1972

1925
Stefan Mühlb. ⚭ **Therese Mühlb.**
* 1896 † 1968 — * 1898 † 1940

Andreas
* 1898 gef. 1916

Johann Baptist
* 1899 † 1993

1952
Helene ⚭ Wilhelm Leitner
* 1926 † 2019 — * 1922 † 2020

led. Kind von Adelheid Leitner
* 1899 † 1995

1979
Christine ⚭ Wolfgang
* 1956

2000
Helene ⚭ Klaus
* 1960

Lea
* 1984

Max
* 1985

Hanna
* 1990

Claudia
* 2002